付録A 東京ディズニーランド攻略MAP

JN013581

クリッターカントリー

ファンタジーランド

※花火はこの方向からあがる

トムソーヤ島

キャンプ・ウッドチャック

シンデレラ城

ウエスタンランド

キャッスル・フォアコート

ウエスタンリバー鉄道

アドベンチャーランド

イクスピアリ

東京ディズニーリゾート・チケットセンター

リゾートゲートウェイ・ステーション

新浦安へ

バスターミナル

舞浜

ピクニックエリ

バスターミナル

ボン・ヴォヤージュ

JR京葉線・武蔵野線

東京へ

その他	A メインストリート・ハウス	H 救護室	
	B パークインフォメーションボード	I 宅配センター	
	C トゥモローランド・ホール	J 喫煙所	
	D 三井住友銀行(ATM)	K インフォメーション&チケットブース	
	E 迷子センター	L イーストゲート・レセプション	
	F ベビーセンター	M ゲストリレーション・ウインドウ	
	G ベビーカー&車イス・レンタル		

━━ パレードルート
📷 撮影スポット
花火鑑賞スポット

👫 (★)
👫 (★★) トイレ(オススメ度)
👫 (★★★)

🔑 コインロッカー

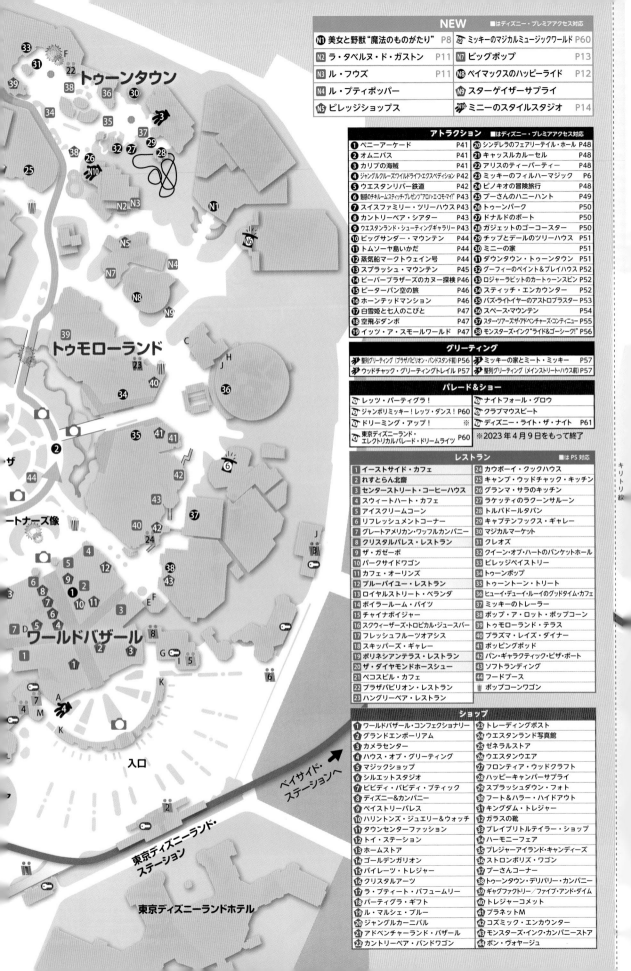

NEW　■はディズニー・プレミアアクセス対応

- N1 美女と野獣"魔法のものがたり" P8
- N2 ラ・タベルヌ・ド・ガストン P11
- N3 ル・フウズ P11
- N4 ル・プティポッパー
- N5 ビレッジショップス
- N6 ミッキーのマジカルミュージックワールド P60
- N7 ビッグポップ P13
- N8 ベイマックスのハッピーライド P12
- N9 スターゲイザーサプライ
- ■ ミニーのスタイルスタジオ P14

アトラクション　■はディズニー・プレミアアクセス対応

① ペニーアーケード P41	⑳ シンデレラのフェアリーテイル・ホール P48
② オムニバス P41	㉑ キャッスルカルーセル P48
③ カリブの海賊 P41	㉒ アリスのティーパーティー P48
④ ジャングルクルーズ ワイルドライフ・エクスペディション P42	㉓ ミッキーのフィルハーマジック P6
⑤ ウエスタンリバー鉄道 P42	㉔ ピノキオの冒険旅行 P48
⑥ 魅惑のチキルーム:スティッチ・プレゼンツ"アロハ・エ・コモ・マイ!" P43	㉕ プーさんのハニーハント P49
⑦ スイスファミリー・ツリーハウス P43	㉖ トゥーンパーク P50
⑧ カントリーベア・シアター P43	㉗ ドナルドのボート P50
⑨ ウエスタンランド・シューティングギャラリー P43	㉘ ガジェットのゴーコースター P50
⑩ ビッグサンダー・マウンテン P44	㉙ チップとデールのツリーハウス P51
⑪ トムソーヤ島いかだ P44	㉚ ミニーの家 P51
⑫ 蒸気船マークトウェイン号 P44	㉛ ダウンタウン・トゥーンタウン P51
⑬ スプラッシュ・マウンテン P45	㉜ グーフィーのペイント&プレイハウス P52
⑭ ビーバーブラザーズのカヌー探険 P46	㉝ ロジャーラビットのカートゥーンスピン P52
⑮ ピーターパン空の旅 P46	㉞ スティッチ・エンカウンター P52
⑯ ホーンテッドマンション P46	㉟ バズ・ライトイヤーのアストロブラスター P53
⑰ 白雪姫と七人のこびと P47	㊱ スペース・マウンテン P54
⑱ 空飛ぶダンボ P47	㊲ スターツアーズ:ザ・アドベンチャーズ・コンティニュー P55
⑲ イッツ・ア・スモールワールド P47	㊳ モンスターズ・インク"ライド&ゴーシーク!" P56

グリーティング

整列グリーティング(プラザパビリオン・バンドスタンド前) P56	ミッキーの家とミート・ミッキー P57
ウッドチャック・グリーティングトレイル P57	整列グリーティング(メインストリート・ハウス前) P57

パレード&ショー

レッツ・パーティグラ!	ナイトフォール・グロウ
ジャンボリミッキー!レッツ・ダンス! P60	クラブマウスビート
ドリーミング・アップ! ※	ディズニー・ライト・ザ・ナイト P61
東京ディズニーランド・エレクトリカルパレード・ドリームライツ P60	※2023年4月9日をもって終了

レストラン　■はPS対応

① イーストサイド・カフェ	㉔ カウボーイ・クックハウス
② れすとらん北齋	㉕ キャンプ・ウッドチャック・キッチン
③ センターストリート・コーヒーハウス	㉖ グランマ・サラのキッチン
④ スウィートハート・カフェ	㉗ ラケッティのラクーンサルーン
⑤ アイスクリームコーン	㉘ トルバドールタバン
⑥ リフレッシュメントコーナー	㉙ キャプテンフックス・ギャレー
⑦ グレートアメリカン・ワッフルカンパニー	㉚ マジカルマーケット
⑧ クリスタルパレス・レストラン	㉛ クレオズ
⑨ ザ・ガゼーボ	㉜ クイーン・オブ・ハートのバンケットホール
⑩ パークサイドワゴン	㉝ ビレッジペイストリー
⑪ カフェ・オーリンズ	㉞ トゥーンポップ
⑫ ブルーバイユー・レストラン	㉟ トゥーントーン・トリート
⑬ ロイヤルストリート・ベランダ	㊱ ヒューイ・デューイ・ルーイのグッドタイム・カフェ
⑭ ボイラールーム・バイツ	㊲ ミッキーのトレーラー
⑮ チャイナボイジャー	㊳ ポップ・ア・ロット・ポップコーン
⑯ スクィーザーズ・トロピカル・ジュースバー	㊴ トゥモローランド・テラス
⑰ フレッシュフルーツオアシス	㊵ プラズマ・レイズ・ダイナー
⑱ スキッパーズ・ギャレー	㊶ ポッピングポッド
⑲ ポリネシアンテラス・レストラン	㊷ パン・ギャラクティック・ピザ・ポート
⑳ ザ・ダイヤモンドホースシュー	㊸ ソフトランディング
㉑ ペコスビル・カフェ	㊹ フードブース
㉒ プラザパビリオン・レストラン	ポップコーンワゴン
㉓ ハングリーベア・レストラン	

ショップ

① ワールドバザール・コンフェクショナリー	㉓ トレーディングポスト
② グランドエンポーリアム	㉔ ウエスタンランド写真館
③ カメラセンター	㉕ ゼネラルストア
④ ハウス・オブ・グリーティング	㉖ ウエスタンウエア
⑤ マジックショップ	㉗ フロンティア・ウッドクラフト
⑥ シルエットスタジオ	㉘ ハッピーキャンパーサプライ
⑦ ビビディ・バビディ・ブティック	㉙ スプラッシュダウン・フォト
⑧ ディズニー&カンパニー	㉚ フート&ハラー・ハイドアウト
⑨ ペイストリーパレス	㉛ キングダム・トレジャー
⑩ ハリントンズ・ジュエリー&ウォッチ	㉜ ガラスの靴
⑪ タウンセンターファッション	㉝ プレイブリトルテイラー・ショップ
⑫ トイ・ステーション	㉞ ハーモニーフェア
⑬ ホームストア	㉟ プレジャーアイランド・キャンディーズ
⑭ ゴールデンガリオン	㊱ ストロンボリズ・ワゴン
⑮ パイレーツ・トレジャー	㊲ プーさんコーナー
⑯ クリスタルアーツ	㊳ トゥーンタウン・デリバリー・カンパニー
⑰ ラ・プティート・パフュームリー	㊴ ギャグファクトリー/ファイブ・アンド・ダイム
⑱ パーティグラ・ギフト	㊵ トレジャーコメット
⑲ ル・マルシェ・ブルー	㊶ プラネットM
⑳ ジャングルカーニバル	㊷ コズミック・エンカウンター
㉑ アドベンチャーランド・バザール	㊸ モンスターズ・インク・カンパニーストア
㉒ カントリーベア・バンドワゴン	㊹ ボン・ヴォヤージュ

トゥーンタウン

トゥモローランド

ワールドバザール

入口

ベイサイド・ステーションへ

東京ディズニーランド・ステーション

東京ディズニーランドホテル

キリトリ線

Contents

特集

- 2 速報! TDS新ショー ビリーヴ! ～シー・オブ・ドリームス～
- 6 リニューアル! TDLミッキーのフィルハーマジック
- 7 徹底攻略! TDL『美女と野獣』新エリア
- 15 万全! コロナ対応総チェック
- 16 ディズニーホテル最新事情
- 20 これだけ変わった! 今のパークの楽しみ方
  - 20 変わったポイント
  - 22 攻略カレンダー
  - 26 ディズニー・プレミアアクセス
  - 27 主要アトラクション待ち時間比較
  - 28 スタンバイパス&ショー抽選
  - 29 バケーションパッケージ
  - 30 予約テク
  - 32 公式アプリ

東京ディズニーランドの裏技

- 33 今を楽しむ! 3つのカギ
- 34 オススメランキング
- 36 トピックス
- 37 モデルコース
- 41 アトラクション
- 56 グリーティング
- 58 ショー
- 62 レストラン
- 67 ショップ

東京ディズニーシーの裏技

- 69 今を楽しむ! 3つのカギ
- 70 オススメランキング
- 72 トピックス
- 73 モデルコース
- 77 アトラクション
- 92 グリーティング
- 96 ショー
- 99 レストラン
- 104 ショップ

準備と当日の動き方の裏技

- 105 プラン作り
- 106 事前準備
- 107 ホテル
- 108 レストラン
- 111 持ち物
- 113 パーク内サービス
- 114 予算
- 116 アトラク&ショー
- 118 グッズ
- 122 写真
- 123 トイレ
- 124 アクセス

- 128 全施設INDEX

約3年ぶり、夜のハーバーショー
見ないと後悔！驚愕のTDS新ショー
《ビリーヴ！ ～シー・オブ・ドリームス～》

スタート1週間で3回も見てきました！

2022年11月11日、新しい夜のハーバーショーがスタート！ 〈メディテレーニアンハーバー〉の水上で繰り広げられるこのショーは、光・映像・水・花火の演出以外に、東京ディズニーシー・ホテルミラコスタの外壁にプロジェクションマッピングを投影する初の演出など、360度に見どころいっぱいの今までにないショーでした！ 正式スタート前の準備公演から、何度も通って見てきた筆者クロロが、余すところなく楽しみつくすコツをお届けします！

場所
メディテレーニアンハーバー
公演時刻
1日1回、19:40〜 ※2022年11・12月の場合
所要時間
約32分間

ここに感動！ ビリーヴのスゴさ

> 一度は
よい場所から
見てほしい

1️⃣ **数々のディズニー映画が目の前で圧巻の再現**

2️⃣ **ミゲル（リメンバー・ミー）、モアナがTDR初登場**

3️⃣ **アナ雪のエルサもTDSに初登場**

> ピーター・パン、アナ雪、ラプンツェルは、2024年にオープンするTDS新テーマポートの主役！

4️⃣ **ミラコスタへの映像投影は初**

> 360度どこからでも楽しめる！見どころが多すぎて一度ですべてを見きれない！

5️⃣ **プロメテウス火山にも映像投影**

6️⃣ **6つの水上バージ（船）が繰り広げる映像・光・水の演出**

まだ中止の回数は少ないけど…雨には弱いショー!?

前の夜のショー《ファンタズミック！》とは違って、《ビリーヴ！…》は天候が悪いと中止になりやすいと告知されています。まだスタートしたばかりで中止になった日はほとんどありませんが、梅雨など雨の多い時期は注意が必要です。

どこが見やすい？ ベストポジションを探せ！
広大な有料＆抽選エリア！ 超人気で場所の確保も激戦

このショーには抽選エリアだけでなく有料パスエリアも導入され、「普通に待って見られる」鑑賞エリアがほとんどありません。どのエリアに、どんな手段で入場できるか把握しておかないと、遠目から鑑賞するだけ、という残念な結果になってしまいます。

ディズニー・プレミアアクセス

イチオシ！

1人2500円の有料エリア！ 入園直後に迷わず買おう！

入園後に公式アプリ上で購入できる有料パス。公演時刻の約2〜4時間前から鑑賞エリアに入場でき、自由席＝先着順なので、最前列を狙って長時間待つ人もいます。基本的に立ち見なので、幼い子やお年寄りが一緒の場合などには不向きですが、スペースはゆったりしていて快適。9時前に売り切れることが多く、混雑日に購入するには7時台からの開園待ちが必須です。

天候等でショーが中止の場合は 払い戻し！

エントリー受付

当たればラッキー！

座り見できるけど抽選制

公式アプリ上の抽選で当選した人だけが入れるエリアも設けられています。自由席で、整理番号順に入場するため、入場時間の少し前に入場口で待機すればOK。

バケーションパッケージ

高くても価値アリ

予算があるならコレ！ 鑑賞エリアはA一択！

公式宿泊プランのバケパ席は**A〜D**が指定席で、待たずによい場所で鑑賞できます。水上だけでなくミラコスタや火山のマッピングも視界に入る専用鑑賞席**A**がダントツで見やすく、高額ながらそれだけの価値があるので、圧倒的にオススメ！ **BCD**の座り見エリアは、前にある柵が鑑賞時に気になります。

誰でも鑑賞できるエリア

雰囲気のみ

抽選にはずれた… 有料パスもとれなかった…

待てば普通に誰でも鑑賞できるエリアは少なく、そこで見ても雰囲気を味わえる程度。ショーを楽しみたい気持ちが少しでもあるなら、迷わず有料パス購入をオススメします。

鑑賞エリア （2022年11月現在）

ディズニー・プレミアアクセス

❶ ザンビーニ・ブラザーズ・リストランテ前〜ミッキー広場周辺

❷ リドアイル

バケーションパッケージ

座り見 **Ⓐ** ハーバーサイドテラス

座り見 **Ⓑ** ミッキー広場（ピアッツァ・トポリーノ）

座・立 **Ⓒ** リドアイル

座り見 **Ⓓ** ディズニーシー・トランジットスチーマーライン横

立ち見 **Ⓔ** フォートレス・エクスプロレーション

- ディズニー・プレミアアクセス（有料パス）
- エントリー受付（抽選、P28）
- バケーションパッケージ（P29）
- 誰でも鑑賞できるエリア
- 車椅子エリア

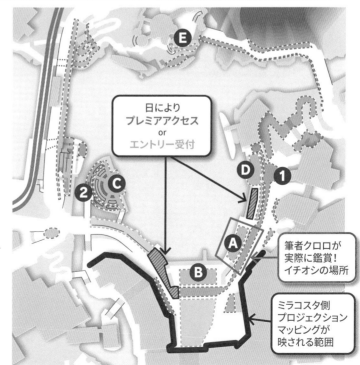

日によりプレミアアクセス or エントリー受付

筆者クロロが実際に鑑賞！イチオシの場所

ミラコスタ側プロジェクションマッピングが映される範囲

7つの映画をハーバー上で再現！
約32分の長編ショー！ このシーンを見逃すな！

Story

物語の舞台は、
心からの願いが星となって輝く場所
"シー・オブ・ドリームス"。
かなえられた願いは流れ星となり、
希望をなくした願いの星は光を失う。
困難が立ちはだかったとき、夢を見失いそうなとき、
信じる力とあきらめない心が
"願い星"に輝きをよみがえらせる。
夢を信じつづけるディズニーの物語。

オープニング『ピーター・パン』

ディズニーの仲間たちの願い星へ

『アラジン』

王子様に
なりたいと
願うアラジンに、
ジーニーが
魔法をかける！

『塔の上のラプンツェル』

「自由への扉」
塔を抜け出し、
初めて
外の世界へ！

『リメンバー・ミー』

音楽を志す
ミゲルが、
名曲を次々と
披露！

『リトル・マーメイド』

人間になりたい
と願う
アリエルは、
アースラと取引。

プリンス＆プリンセス

『輝く未来』
『ホール・ニュー・ワールド』
『パート・オブ・
ユア・ワールド』の
3曲メドレー。
願いのこもった
そのハーモニーは
圧巻！

『モアナと伝説の海』『アナと雪の女王2』

困難に
立ち向かい、
あきらめずに
信じ続ける心が
胸に迫りくる
名シーン。

知らないと置いてけぼり？
映画を見れば感動3倍

　単なる名シーンの再現だけでなく、各映画の主人公の心情を深く表現しているショー。それが全体を貫くストーリーにもなっているので、映画を見ていないと置いてけぼり感も。最低限、次の3作を事前に見ておくと、感動が3倍は増します！

モアナと伝説の海　リメンバー・ミー
アナと雪の女王2

フィナーレ

ミッキー＆
フレンズが登場！
テーマ曲は
MISIAの
『君の願いが
世界を輝かす』。

既存シーンはそのままに『リメンバー・ミー』のド迫力シーンが追加!

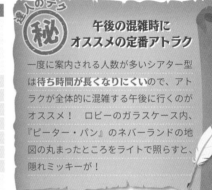

㉓ ミッキーのフィルハーマジック

映像がより鮮明になってドナルドの毛並みまでクッキリ!

ミッキーが指揮する魔法のオーケストラコンサートのはずが、魔法の帽子を使ってしまったドナルドのせいで大事件に! **ディズニー映画の名シーン&名曲を、3D映像だけでなく風、水、香りで体験できるシアター型アトラクション。** 2022年9月のリニューアルで、『リメンバー・ミー』のシーンが追加されました。既存シーンはカットなくそのままで、さらに**リニューアルで映像が鮮明化し、**感動も倍増! ショーの最後は忘れずに後ろを振り返ろう!

ショー 🎵　　混雑度 D

こども向き ☆☆☆☆☆

こどもが怖がる要素 暗 速 高 落

絶叫度 ☐☐☐☐☐

利用制限 なし ❗なし

待ち時間

	平日	混む平日	土日	激混み
9:00	5	5	5	15
9:30	5	5	5	15
10:30	5	10	10	20
11:30	5	10	15	20
12:30	5	15	15	25
13:30	5	15	20	25
14:30	5	15	20	25
15:30	5	20	20	35
16:30	5	10	15	30
17:30	5	5	10	25
18:30	5	5	10	30
19:30	5	5	10	15
20:30	5	5	5	5

達人のテク ㊙ 午後の混雑時にオススメの定番アトラク

一度に案内される人数が多いシアター型は待ち時間が長くなりにくいので、アトラクが全体的に混雑する午後に行くのがオススメ! ロビーのガラスケース内、『ピーター・パン』のネバーランドの地図の丸まったところをライトで照らすと、隠れミッキーが!

徹底攻略!

東京ディズニーランド 新エリアを 200%遊びつくせるスゴ技

TDL史上最大の新エリア! 全貌をお見せします!

TDL史上最大規模の新エリアが2020年9月にオープン。コロナ禍でパークを訪れた人が少なかったため、2年経った現在も初めて訪れる大勢のゲストでにぎわっています。3つのテーマランドにまたがる新エリアには、世界のディズニーパークの中でもここでしか楽しめないものばかりが集結! その見どころや混雑具合、確実に楽しむ方法を徹底解説!

\新エリアはココ!/

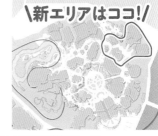

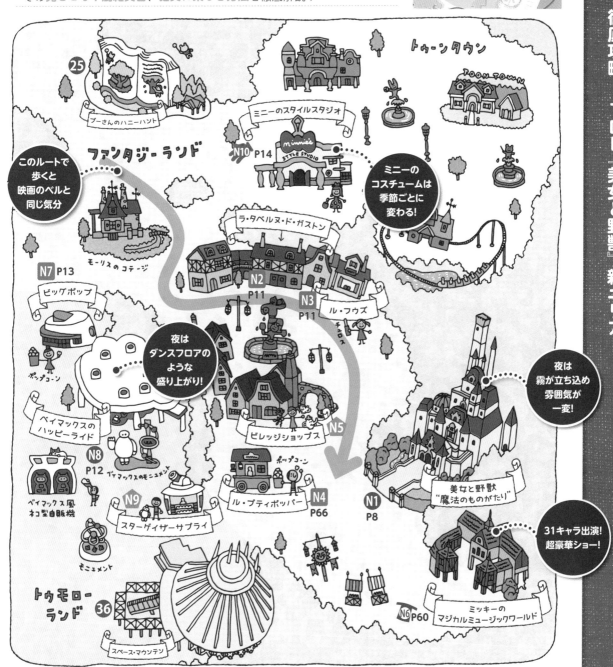

トゥーンタウン

㉕ プーさんのハニーハント

ファンタジーランド

ミニーのスタイルスタジオ
N10 P14

このルートで歩くと映画のベルと同じ気分

ミニーのコスチュームは季節ごとに変わる!

モーリスのコテージ
N7 P13

ラ・タベルヌ・ド・ガストン

N2 P11

N3 P11 ル・フウズ

ビッグポップ

ポップコーン

夜はダンスフロアのような盛り上がり!

ベイマックスのハッピーライド

ビレッジショップス

N5

夜は霧が立ち込め雰囲気が一変!

N8 P12 ベイマックスのモニュメント

ベイマックス風ネコ型自販機

N9 スターゲイザーサプライ

ル・プティポッパー N4 P66

N1 P8

美女と野獣 "魔法のものがたり"

モニュメント

31キャラ出演! 超豪華ショー!

トゥモローランド ㊱

スペース・マウンテン

N6 P60 ミッキーのマジカルミュージックワールド

あの『美女と野獣』の世界が現実に！

新エリア一番の目玉！
お城にある最新アトラクション

ディズニー映画『美女と野獣』の世界をテーマにしたエリア「ニューファンタジーランド」の中心にそびえ立つ「美女と野獣の城」。そのお城にある最新アトラクションです。世界中のディズニーパークで体験できるのは唯一ここだけ。体験時間は約8分間のライドタイプです。

必ず映画を見てから乗りたい！
ストーリー体験型

魔法のバラの花びらがすべて散る前に真実の愛を見つけ、魔女の魔法を解く『美女と野獣』の名シーンがリアルに繰り広げられます。"映画の世界が再現される"アトラクションは多いですが、これは"自分が映画の世界に入り込んだ感覚"。圧倒的な没入感に思わず涙がこぼれるほど感動します！

乗り物	混雑度 A
こども向き ☆☆☆☆☆	こどもが怖がる要素 暗 濡 高 落
絶叫度 □□□□□	
利用制限	

102cm未満不可　身長制限 妊娠中 高齢者不可

プレミアアクセス　シングルライダー

有料パスあり！
1人2,000円

ライトアップも
必見！
夜に一度は
訪れて！

美女と野獣の城

●『美女と野獣の城』
は高さ30m！

●体験時間は
約8分間で、
満足度絶大！

●キャラ、音楽、
すべてがまさに
映画の世界！

身長制限なし！
保証します、酔う心配ナシ！

身長制限がなく、補助なしで座れればOKなので、小さなこどもでも楽しめます。ゲストが乗り込む魔法のカップは、大きく揺れることはなく、ゆらゆらとゆっくり回りながら進みます。酔ったり、絶叫要素を感じたりする心配はいっさいナシ！

待ち時間を徹底解説！
マニアが使う時短の裏技を伝授！

7時台の開園待ちがマスト！

Point!

開園直後を狙うのが鉄則！
ディズニーホテル泊の人は8時から入園できるため、
8時15分の開園時には30〜60分待ちになり、
9時には1日のピークになることがほとんど！
できれば7時から、遅くとも7時台の開園待ちを強くオススメします。

Point!

出遅れたら、待ち時間が短めの午後や夜のパレード中を狙おう！

Point! 閉園時間を超えないように案内終了されるので注意

	待ち時間			
	平日	混む平日	土日	激混み
9:00	75	105	125	190
9:30	70	100	135	190
10:30	50	80	115	150
11:30	55	90	120	170
12:30	40	70	110	140
13:30	50	70	120	150
14:30	55	70	135	170
15:30	55	80	140	150
16:30	40	60	120	140
17:30	35	60	110	130
18:30	30	60	85	100
19:30	20	55	65	案内終了
20:30	20	案内終了	案内終了	

開園直後の待ち列

開園直後の待ち列は、《プーさんのハニーハント》(P49)
前を通って、パレードルート
方面へ延びる！
まっすぐ向かうよりも、パレードルートから向かうほうが
最短で並べる！

《プーさんのハニーハント》
《ベイマックス…》
入口

━━ 開園直後の待ち列
━━ パレードルート

Check! ## 9時開園じゃないの？！

公式サイト上の
パーク開園時間が9時でも、
実際にほとんどの日には早まり、
8時15分に開園します(P20)。
さらにディズニーホテル宿泊者は
開園15分前に入園できるので、
8時から待ち時間が延びていきます。

予算があるなら使いたい！ ラクラク攻略法

①有料パスで、好きな時間にサクッと体験！

現在、パークでは過去に発券されていたファストパスやスタンバイパス
のような“短い待ち時間で利用できる無料パス”が存在しません。そのため、
短い待ち時間で利用するには有料パス「ディズニー・プレミアアクセス」(P26)
を取得するしかありません。

> 1人2,000円！
> 好きな時間が
> 選べる！

②ディズニーホテル宿泊で、15分前入園！

ディズニーホテルに宿泊すると、通常開園時間の15分前に入園できる「ハッ
ピーエントリー」を利用できます(P19)。朝早く起きる必要がありますが、
短い待ち時間で利用できるお得な特典！

> 最安ホテルなら1泊
> 平日2.5万円前後、
> 休前日3.5万円前後、
> 休日4万円前後

③ガイドツアーで隅から隅まで知りつくす！

事前予約制(1カ月前の10:00〜予約開始)のガイドツアーを利用すると、キャ
ストによるストーリーやエピソードの解説のあと、アトラクションを体験
できます。記念品ももらえます！

> 1人6,000円で
> アトラクションを
> 知りつくせる！

名曲とともに、名シーンが目の前に！

映画冒頭と同じ物語のプレショー

ライドへ

まるでダンスをしている
ような感覚を味わえる、
不思議な動き！

まるでダンスをして
いる感覚を味わえる
不思議な動き！

最後尾がもっとも見やすいため
部屋に入ったら中央後方へ！
暗い＋雷＋野獣の吠えには
子どもが泣き出すことも多いので気を付けて！

♪愛の芽生え♪
雪積もる庭で
2人の思いが通じ合っていく

雪積もる庭で心の距離を縮める

♪ひとりぼっちの晩餐会♪
ルミエールのおもてなしで
ベルの座るテーブルに次々と
料理が現われる演出は必見！

晩餐会

♪夜襲の歌♪

真実の愛を見つけて
野獣の呪いが解ける瞬間は
まさに魔法のよう！

夜襲、そして魔法が解ける瞬間

感動のフィナーレ

♪美女と野獣♪
呪いが解けた城の住人たちと
ダンスホールで舞踏会！
まるでダンスをしているかのような
動きに酔いしれて！

"ベルの住む村"をお散歩♪

『美女と野獣』エリアには、ベルの住む村が再現されています。初めて訪れるときは、絶対に《プーさんのハニーハント》(P49)側から入ること！　劇中のベルと同じ視点で村を歩けるので、感動が倍増します！

ガストンの手下のお店 ル・フウズ

ガストンの手下のお店

上品な甘さでおいしい！

ル・フウズ・チュロス（アップルキャラメル）500円

ベルの住む家 モーリスのコテージ

発明家モーリスが実験中？

ドカーン

大きな爆発音が聞こえる

光る！『美女と野獣』のポップコーンバケット！

ポップコーン入りで 3,200円

ステンドグラス風でキレイ！夜は幻想的な輝き

豪快メニューが盛りだくさん！ N2 ラ・タベルヌ・ド・ガストン

3種のパンはボリュームたっぷり アルコールも販売する酒場！

映画にも登場するガストンの酒場を再現。豪快でボリュームあるパンメニューがメイン。**ビール風ドリンクは甘めでこどもにもオススメ！**また、TDLにはまだ少ないアルコールを販売するレストランで、生ビールやカクテルも飲めます。

村の中央ガストン像は必見！

イチオシメニュー

ビッグバイト・クロワッサン　750円

かきまぜると…口ひげが作れるくらいの泡！

ベリーチアーズ　500円

ガストンが大好きなビール風ドリンク

世界初『ベイマックス』のアトラク!

振り回されて、笑いが止まらない!? ⑧ ベイマックスのハッピーライド

ヒロが開発したハッピーライドで笑顔になれる!

ディズニー映画史上初、日本を舞台にした『ベイマックス』がテーマの回転型ライドアトラクション。ゲストをハッピーにさせるためにヒロが開発したハッピーライドは、ぐるぐる回って**振り回されるような動き**が特徴! 数パターンあるアップテンポな音楽に合わせて、右に左に揺られて、ハピネスレベルも**MAX**に!

乗り物	混雑度 Ⓐ

こども向き	こどもが怖がる要素
☆☆☆☆☆	

絶叫度 □□□□□

利用制限

81cm未満不可 / 体調制限・妊娠中・高齢者不可

プレミアアクセス　シングルライダー

8の字型にぐるぐる回る!

遠心力で振り回される

音楽は配信もされていて超人気!

キャストと一緒に踊って盛り上がろう!

子供向けとあなどるな!
酔いやすい回転系アトラク

- ♥ **遠心力**でかなり左右に揺れる!
- ♥《アリスのティーパーティー》(P48)のハンドルを回さない状態よりも激しい
- ♥ 2人乗り、遠心力でぶつかりあって**笑いが止まらない!**

アトラクション前の自販機にも注目!

ヒロの愛猫モチもいるよ!

待ち時間を徹底解説！
ベイマックス攻略の鍵は「優先順位」

TDLで2番人気！ 開園直後に60分待ちを超えたら見送るのが鉄則！

《美女と野獣…》（P8）に次いでTDLで2番目に待ち時間が長いアトラクション。待ち時間は**平日45分前後、休日60分前後**で推移しますが、開園直後は一気にのび、その日のピークに。そのためこの時点で60分を超えている場合はいったん後回しにして、混雑が落ち着く午後に並ぶのが効率的。

夜になっても待ち時間が短くなりにくい

有料パスを購入するなら《美女と野獣…》を優先しよう！

2022年12月に有料パス（P26）の対象になりましたが、ひとつだけ有料パスを取るとしたら、ディズニーホテル宿泊者の15分前入園（P19）の時点で待ち時間が長くなる《美女と野獣…》の優先度が上。両方とも有料パスを取らない場合も、有利な時間帯は《美女と野獣…》を優先するのが鉄則。

待ち時間

	平日	混む平日	土日	激混み
9:00	45	90	100	120
9:30	40	50	75	100
10:30	40	45	65	70
11:30	35	35	55	60
12:30	35	50	55	70
13:30	35	45	50	60
14:30	35	45	45	65
15:30	40	50	50	70
16:30	35	55	60	70
17:30	35	50	55	60
18:30	35	45	45	70
19:30	25	45	40	50
20:30	20	案内終了	案内終了	案内終了

攻略チャート

①《美女と野獣…》に行く？

行かない ← → 行く

②《美女と野獣…》では有料パスを使う？

開園は45分早まるケースが多いので注意！（P20）

使う ← → 使わない

開園直後は《美女と野獣…》へ

開園直後に！

待ち時間が安定する午後に

普通よりデカイ＆濃い!?限定ポップコーン
TDR初のポップコーン専門店 N7 ビッグポップ

ここでしか食べられない！特別なポップコーンを見逃すな

ここでしか食べられない、**大きい＆濃い味が特徴のBBポップコーン**を販売。フレーバーも限定で、高級感のある3種類。ポップコーンの形をモチーフにした照明や、天井の星座に現れる"**隠れベイマックス**"も見逃すな！

パーク内ほぼすべてのバケットが手に入る！

パーク内のポップコーンワゴンで販売されているほぼすべてのバケットがそろっている、ポップコーン専門店です。**どれかバケットが欲しいときはまずこのお店へ！** 2022年11月現在、8種類のバケットを取り扱っています。

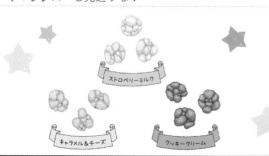

ストロベリーミルク

キャラメル＆チーズ

クッキークリーム

BBポップコーンとは…？

普通のポップコーンより

- 大きさがデカイ！
- 味が濃い！
- 香りも強い！
- 高級ポップコーン！

おしゃれ＆かわいいミニーに会える！
季節で変わる装いに注目！

 N10 ミニーのスタイルスタジオ

スタジオ内の制作現場は見どころたくさん！
衣装が変わるので、何度も通いたくなるグリ施設

〈トゥーンタウン〉にオープンした、ミニーと会えるグリーティング施設。衣装の制作・撮影スタジオで、ファッションデザイナーのミニーと写真撮影ができます。建物内に入ると、受付や衣装を制作する作業場などを通って、撮影スタジオへ。季節によって異なるコスチュームのミニーに会えるので、何度でも訪れる楽しみがあります。

	グリーティング	混雑度 A
こども向き	☆☆☆☆☆	こどもが怖がる要素
絶叫度	□□□□□	

利用制限

102cm　特別な型　対応中　高齢者不可
未満不可　!

大きなリボンの外観が特徴！

minnie's STYLE STUDIO

待ち時間

	平日	混む平日	土日	激混み
9:00	80	90	100	105
9:30	65	65	85	90
10:30	55	55	60	60
11:30	35	45	50	50
12:30	50	55	55	55
13:30	40	50	50	55
14:30	45	50	50	70
15:30	45	50	50	60
16:30	45	60	60	75
17:30	40	45	50	55
18:30	45	45	50	55
19:30	30	30	35	50
20:30	案内終了	案内終了	案内終了	案内終了

作業場など
衣装の制作現場
が見られる！

2022年9月から
マスクなしでの撮影が、
10月からキャラに近づいての
グリーティングがOKに！

9〜11月は
秋の装い！

☑ ミニーの
コスチュームは
四季で変わる！

☑ 春、夏、秋、冬、
違う季節に訪れて、
制覇しよう！

Check!

コロナ禍前に戻りつつある、今のパーク！

マスクの着用は必須！
必ず予備のマスクを持とう

小学生以上の人は、パーク内でマスクの着用が必須です（未就学児は任意）。会話をほとんどしない場合（写真撮影時など）には、一時的にマスクを外せますが、マスクを着用していないと入園できず、パーク内でも常にマスク着用を求められます。水がかかるアトラクションが複数あり、**マスクがずぶ濡れになってしまうこともあるので、** 必ず予備のマスクを持参しましょう。

コロナ禍以降、グッズに
キャラ柄マスクも登場！

パーク内では**白無地の不織布マスクが1枚100円で販売**されています。そのほかに、キャラになりきれるものなど、さまざまなデザインのマスクをパークグッズとしても販売中。せっかくパークで楽しむなら、グッズのマスクを購入するのも手！

> 実用的で
> おみやげとしても
> 喜ばれる！

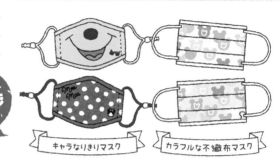

キャラなりきりマスク ／ カラフルな不織布マスク

気をつけて！
よくあるマスクの
NGパターン

落下の瞬間などに
写真を撮ってくれる
アトラクションのライドショット

とくに夏場は暑さと興奮でマスクを外して写真に写ろうとする人が続出しました。**マスクを外している人がいると、アトラクション出口で写真自体が非表示**となり、購入は絶対にできません。マスクは必ず着用しましょう！

グリーティングに、うれしい変化が！

グリーティング施設では、写真撮影時にマスクを外して撮りたいかどうか、希望をまず聞かれます。希望した場合は、**写真撮影時にキャストがOKと指示した間だけ、マスクを外せる**ようになりました！

また、ソーシャルディスタンスもなくなり、**キャラとハイタッチ等の触れ合いもできる**ようになっています。

> 残るは
> 小規模開催が続いている
> 季節イベントの
> 本格再開だけ!?

2022年4月オープンの最新ディズニーホテル
トイ・ストーリーホテルを徹底解剖!

TDRで5つめのディズニーホテル!

2022年4月15日に、東京ディズニーリゾート5つめのディズニーホテル『東京ディズニーリゾート・トイ・ストーリーホテル』がオープン! ディズニー／ピクサー映画『トイ・ストーリー』をテーマにしたこのホテルの魅力はもちろん、実際に泊まってわかったおすすめポイント、直営ホテルならではの宿泊特典など、新ホテルを徹底解剖します!

客室数	595室
価格帯	2.5〜4万円
最寄り駅	ディズニーリゾートライン ベイサイド・ステーション

エントランス前には
ボードゲームが広がる
スリンキー・ドッグパーク

泊まって
わかった!

トイ・ストーリーホテルのここがイイ!

①コスパ抜群のディズニーホテル

まずうれしいのは、手が出やすい価格! 平日なら2.5〜3.5万円、休日でも4万円と、ディズニーホテルの中では抑えめな価格設定。

しかも、アクセスのよさや他のディズニーホテルとは一線を画す楽しさあふれる雰囲気もあって、コスパは抜群です!

595ある客室のうち575室がスタンダードルームという超シンプルな設計。パーク側、東京湾側、中庭側といった景観の違いだけで、ほぼすべての客室が同タイプです。定員は大人3or4名で、ファミリー客が利用しやすい設定となっているのもうれしいポイントです。

②リゾート内でアクセス良

低価格な「東京ディズニーセレブレーションホテル」は、TDRから離れた新浦安エリアにあるためシャトルバスでの移動になりますが、このホテルはディズニーリゾートラインの駅正面にあり、パークまでのアクセスも良好です!

③遊び場いっぱい楽しい空間

エントランス正面のスリンキー・ドッグパークにはボードゲームが描かれていて、大きなバズ＆ジェシーも! 中庭のトイフレンズ・スクエアには、ウッディなどおなじみのトイたちが! 子どもが楽しめる仕掛けがたっぷりあるのが魅力的。

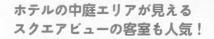

客室はアンディの部屋をイメージ！
おもちゃサイズの感覚が味わえる

客室は、映画『トイ・ストーリー』シリーズ1作目のアンディの部屋をイメージした内装。ホテル外観にも描かれている青い空と白い雲の壁紙を見るだけで、テンションが上がること間違いなし！ミッキーの大きな腕時計やおもちゃのような備品があって、自分がおもちゃサイズになったかのような感覚を味わえます。

ホテルの中庭エリアが見える
スクエアビューの客室も人気！

凹字型になっているホテル中心部分の中庭には、トイフレンズ・スクエアがあります。約4mの大きなウッディやボー・ピープの像があるこの中庭はプレイグラウンドになっていて、ホテル宿泊者は24時間入場可。中庭エリアが見えるスクエアビューの客室は、このホテルならではの景観が味わえるので、大人気です。

注意点
 ホテルの敷地が広く
駅からは意外と歩く！

ホテル自体はディズニーリゾートラインのベイサイド・ステーション正面にありますが、建物は敷地の奥にあります。立体駐車場の脇を抜けて、エントランス前の広場を通ってようやくロビーに入れるので、子どもと一緒だと5分ほど歩くことになります。また、パークまではリゾートライン往復分の交通費がかかることもお忘れなく！

注意点
 コスパがよい新ホテルなので
予約は激戦！

ディズニーホテルの中でもキャラクター色が強いことに加え、絶大な知名度を誇る『トイ・ストーリー』をテーマにした新ホテルなので、たいへんな人気です。さらに、料金も手が届きやすい価格帯なので、人気No.1のミラコスタに次ぐ予約の取りにくさです。予約時は、事前にしっかりと準備（P19、30）をして、争奪戦に挑みましょう！

朝食は混み合うので、
ホテル内レストランの予約も忘れずに！

ホテル内には、『トイ・ストーリー3』に登場するピンクのくまのぬいぐるみ、ロッツォをテーマにしたレストラン《ロッツォ・ガーデンカフェ》があります。多くの宿泊者がパークの開園時間に合わせて朝食を利用して混雑するため、ホテル予約後に忘れずにレストランも予約しましょう！

	ブレックファスト 6:30〜10:30	ディナー 17:00〜21:00
大人（13才以上）	3,000円	4,400円
中人（7〜12才）	1,800円	2,400円
小人（4〜6才）	1,200円	1,600円
3才以下	無料	

そもそも「ディズニーホテル」って何!? な人へ
憧れ! ディズニーホテルでパーク攻略

宿泊特典が豪華な直営ホテル!

現在5つあるディズニーホテルは、いわゆる直営ホテル。パークで過ごすのがグッとラクになる宿泊特典が満載! 周辺ホテルと比べて料金は高めですが、ディズニーの雰囲気に包まれた豪華さで、一度は泊まってみたい憧れのホテル!

トイ・ストーリーホテル
〈価格帯2.5～4万円〉
と比べてみよう!

価格帯 3.5～7万円
ディズニーアンバサダーホテル

ミッキーやドナルドのイメージそのまま!

キャラ好きなら一度は泊まりたいキャラクタールーム!

ミッキー、ミニー、ドナルド、チップ＆デール、スティッチの5種類

アンバサダーホテルのここがイイ! BEST

1 キャラ好きにはたまらない客室

2 ランドホテル、ミラコスタと比べて客室料金が安め

3 レストランが充実! シェフ・ミッキーの朝食は宿泊者限定

価格帯 4～9万円
東京ディズニーランドホテル

アリス、ティンカーベル、美女と野獣、シンデレラのファンタジーな客室にうっとり

壁のくぼみを使ったアルコーヴベッドがある客室はランドホテルならでは

ランドホテルのここがイイ! BEST

1 アリスや美女と野獣などファンタジーな世界観の客室が魅力

2 全室40m²以上! ディズニーホテルの中でもっとも広々とした客室

3 客室数が多く予約がとりやすい

価格帯 5～9万円
東京ディズニーシー・ホテルミラコスタ

ミラコスタに泊まるなら

ゴンドラがある運河側のヴェネツィア・サイド or ハーバーが見えるポルト・パラディーゾ・サイド

パークの景色を一晩中楽しめる!

夜間の清掃、早朝の開園準備、ショーのリハーサルが見られることも!

ミラコスタのここがイイ! BEST

1 TDSの最高の景色と雰囲気の中で一晩過ごせる

2 TDSに15分前入園可!

3 ハーバーショーが見られるレストランは超人気!

価格帯 2～4万円
東京ディズニーセレブレーションホテル

泊まり心地よりも宿泊特典と安さ重視ならかなり使えるホテル!

TDRから離れた新浦安エリアなのでパークまではシャトルバス

冒険や発見がテーマ ディスカバー

夢やファンタジーがテーマ ウィッシュ

ディスカバー＆ウィッシュの2つの棟からなる!

セレブレーションホテルのここがイイ! BEST

1 ディズニーホテルの中で頭ひとつ抜けた安さ

2 15分前入園などパーク攻略優先なら最高の宿泊先

3 大人4名で泊まれる客室が豊富

Q1.パークへのアクセスは?

	TDL	TDS
アンバサダー	シャトルバス（5分）	
ランドホテル	徒歩	リゾートライン
ミラコスタ	リゾートライン	徒歩
トイ・ストーリー	リゾートライン	
セレブレーション	シャトルバス（20分）	

Q2.予約の取りづらさは?

1位	東京ディズニーシー・ホテルミラコスタ
2位	東京ディズニーリゾート・トイ・ストーリーホテル
3位タイ	ディズニーアンバサダーホテル
	東京ディズニーランドホテル
5位	東京ディズニーセレブレーションホテル

パーク攻略に有利すぎる!? 宿泊特典

①開園15分前に入園できる!

チェックイン日を除く滞在日・チェックアウト日に、通常開園時間の15分前から入園できる『ハッピーエントリー』が利用できます。下記表のように、ホテルによって利用できるパークが異なっているので、TDSで利用したい場合は注意が必要。

	TDL	TDS
アンバサダー ミラコスタ	◯	◯
ランドホテル トイ・ストーリー セレブレーション	◯	×

TDSはアンバサダーとミラコスタだけ!

TDLの超人気アトラク《美女と野獣…》(P8)も短い待ち時間で体験できるので、有料パス(P26)級の神特典! また、イベント期間限定の大規模なショーやパレードが公演されていたコロナ以前は、よい観賞場所を確保するためにこの特典で入園後にすぐに場所取りをする人も大勢いました。

例えば、こんな使い方!

「TDL」美女と野獣を体験!

「TDS」ソアリンを体験!

コロナ以前は… イベント期間限定ショーやパレードの場所取り!

ただし、1月などの閑散期を除いて、開園時間が9時の表示でも実際は8時15分に開園する日がほとんどなので、遅くとも8時には入園ゲートに着いている必要があります。それを念頭に、朝食のスケジュールを組むことをオススメします。

Check!

遅くとも8時には入園ゲートへ!

②パークチケット確実ゲット!

ディズニーホテルに宿泊すれば、パークチケットが確実に入手可能! チェックイン日からチェックアウト日までの1デーパスポートを、1人1日1枚購入できます。公式サイト上でパークチケットが完売している日でも購入できるので安心!

券種は 1デーパスのみ!

購入は ホテル内で!

6〜8時と20時以降は 人が集中し、 購入に時間がかかるので注意!

③レストランの優先予約

パーク内とディズニーホテル内の一部レストランには、優先的に席に案内してもらえる「プライオリティ・シーティング(PS)」という予約システムがあります。ディズニーホテル宿泊者には専用の別枠が用意されているので、通常予約では満席の日や時間帯でも予約できるチャンスあり!

ディズニーホテルの予約はいつから? どこで?

公式サイトでの客室予約は、3カ月前の同日11:00から予約が開始されます。とくに人気があるミラコスタやトイ・ストーリーホテルは、予約開始時に忘れずにアクセスするよう備えましょう!

例① 11月18日の予約が取りたい
→8月18日11:00予約開始

例② 7月31日の予約が取りたい
→5月1日11:00予約開始

※31日など、同日がない場合は翌月1日

Point! 15分前にはアクセス!

「ホテル」→「ホテルから選ぶ」※→「客室の空き状況を確認する」で待機
▼
予約開始と同時にアクセス!

※「日付から選ぶ」は予約受付中の日しか選択できないため

超快適な宿泊プラン バケーションパッケージも検討を! →P29へ

コロナ禍でこれだけ変わった！
今のパークの楽しみ方、すべて教えます！

TDL・TDSでは、コロナ禍の2年間で楽しみ方が大きく変わりました。ファストパスがなくなったことをはじめ、さまざまな新システムや新サービスなどもあり、数年ぶりに来園する人も戸惑うはず。

待ち時間が短い「開園直後」を狙え！
攻略の基本！ 開園待ちで空いてるパークへ

TDL TDSの営業時間

開園時間	**9:00**
閉園時間	**21:00**

※2022年11月現在

人気アトラクに乗るなら遅くとも8時には開園待ちを！

開園時間の落とし穴

- 実際にほとんどの日は8:15に開園
- ディズニーホテル宿泊者はさらに15分早く入園可能（ほとんどの日は8:00）

まずはパークチケットを事前に準備！
知っておきたい2つのタイプ

1日券

1デーパスポート
1デーパスポート（障がいのある方向け）

TDL・TDSどちらかのパークで、開園時間から閉園時間まで1日中遊べる基本のパークチケット。単純に滞在時間が長いことに加え、開園時間から入園したほうができることも多くなるので、何か事情がなければ、まず1デーパスを購入しよう！

2日券以上のパークチケットは現在休止中！

入園時間指定券

10:30〜	入園時間指定パスポート
休日15:00〜	アーリーイブニングパスポート
平日17:00〜	ウィークナイトパスポート

TDL・TDSどちらかのパークに、指定の時間以降に入園できるパークチケット。1デーパスと時間あたりの料金を比べると割高感は否めませんが、遠方から到着した日に午後から入園したいとか、学校・仕事帰りに入園したいといった事情がある人には使い勝手のいいパークチケット！

行く日によってチケット代は変わる！ ひと目でわかる4段階の料金変動

主に閑散期1〜2月の平日の料金

	大人	中人	小人
1デー	7,900	6,600	4,700
時間指定10:30〜	7,400	6,200	4,400
休日15:00〜（アーリーイブニング）	6,500	5,300	3,800
平日17:00〜（ウイークナイト）			4,500
1デー（障がいのある方向け）	6,500	5,300	3,800

主に平日の料金

	大人	中人	小人
1デー	8,400	7,000	5,000
時間指定10:30〜	7,900	6,600	4,700
休日15:00〜（アーリーイブニング）	6,800	5,600	4,000
平日17:00〜（ウイークナイト）			4,800
1デー（障がいのある方向け）	6,800	5,600	4,000

料金UP

主に日曜日や混雑時期の平日の料金

	大人	中人	小人
1デー	8,900	7,400	5,300
時間指定10:30〜	8,400	7,000	5,000
休日15:00〜（アーリーイブニング）	7,100	5,900	4,200
平日17:00〜（ウイークナイト）			5,100
1デー（障がいのある方向け）	7,100	5,900	4,200

料金UP

主に土曜日や祝日や連休の料金

	大人	中人	小人
1デー	9,400	7,800	5,600
時間指定10:30〜	8,900	7,400	5,300
休日15:00〜（アーリーイブニング）	7,400	6,200	4,400
平日17:00〜（ウイークナイト）			5,400
1デー（障がいのある方向け）	7,400	6,200	4,400

料金UP

パークチケット　よくある質問

Q1 パークに行けばチケットを買える？
A1 買えません！

コロナ以前は、エントランスのチケットブースでチケットを購入できましたが、現在はオンラインでの購入が基本で、**パークでは買えません**。

Q2 当日でもチケットを買える？
A2 完売していなければ、買えます！

パークチケットは、**完売していなければ当日でも販売**されています。1デーはもちろん入園時間指定チケットも、売れ残っていれば当日も購入可。

Q3 行けなくなったときは、払い戻しできる？
A3 できません！
有効期限内なら日付や入園するパークを変更OK！

パークチケットの払い戻しはできません。しかし、公式サイトで購入したパークチケットにかぎり、**購入日から1年間の有効期限内**であれば、**公式サイト上の「予約・購入履歴」から日付やパークの変更**ができます。行けなくなってもあわてず、変更手続きを。

Q4 チケットはいつから買えるの？
A4 2カ月前の14時から！
ただし、31日のチケットは要注意！

パークチケットは、公式サイトでは2カ月前の同日14:00からの販売。例えば、11月18日に行きたい場合、9月18日14:00からパークチケットが購入できます。31日のように、**2カ月前に同日がない場合は翌月1日からの販売**。例えば、8月31日に行きたい場合は、7月1日14:00から購入可能。

Q5 今って紙のチケットはないの？
A5 あるけど結局、当日スマホに読み込ませないと使えないことばかり

今のパークチケットは**基本的にスマホに電子チケット（二次元コード）を表示させて利用**します。バケーションパッケージ（P29）やディズニーホテルで購入（P19）した場合などは、従来型の紙のパークチケットが発券され、それを使って入園しますが、ショー抽選（P28）やグッズのオンライン購入（P119）では公式アプリにそれを読み込ませる必要があります。**今のパークにスマホは必須です！**

チケット確保　3つのオススメ購入法

① 公式サイトで日付指定券を事前購入

② ディズニーホテルに宿泊orバケパ

③ TDR提携ホテルのチケット付きプラン

基本は公式サイトからの購入！日付やパークの変更が簡単！

宿泊せず、パークチケットだけを購入する場合は、公式サイトへ！　コンビニや旅行代理店等でも購入できますが、その場合、上記Q3の日付・パーク変更の手続きが複雑になり、有効期限も1カ月しかないので、オススメできません。公式サイトで購入すれば**有効期限1年**で、予約・購入履歴からいつでも変更でき、万一のときも安心！

完売していたら宿泊という手も！提携ホテルにもチケット付きプランあり

ディズニーホテル宿泊者は、①で**完売の日でも人数分のパークチケットを購入可能**（P19）。予算がある人にとくにオススメなのが、ディズニーホテルの宿泊に**パークチケットやアトラクション利用券などがセット**になった公式プラン「バケーションパッケージ」（通称バケパ P29）！　また、TDR周辺の提携ホテルにもチケット付きプランがあります。

空いてる日＆イベント丸わかり！
ディズニー攻略カレンダー

こんな日はパークが混む！　混雑の基礎知識

混雑する曜日は土曜と月曜！
土日に行くなら絶対に日曜に

　1週間の曜日では、土＞日＞月＞金＞火水木の順で混む傾向にあります。次の日が休日の土曜が一番混雑し、日曜は夜になると空きます。平日の中では土日から連泊の人が多い月曜（休日明けの火曜なども同様）が混雑し、学校行事の代休などで、土日並みに混雑することも。金曜は、土日に連泊する人が多いことに加え、学校や仕事帰りに来園する人も多く、夜まで混雑が続きます。火水木は目に見えるほどの違いはなくほぼ同じ。

　屋外施設なので、天気の影響が大きく、悪天候の日ほど空きます。注意すべきは土日や連休中の雨。その前後の晴れた休日に人が集中しがちです。

連休は中日に混雑が集中します！
連休最終日は驚くほど空くことも

　連休は中日が激混みになります。逆に最終日は、翌日からの仕事や学校に備えて外出を控える人が多いからか、驚くほど空くことも。GWやお盆などの大型連休は、他の観光地に人気が分散するため、近年は意外と空いています。

県民の日や入試日など平日に
予想外の激混みになることも！

　平日に思わぬ混雑になる場合もあります。2月は高校入試が多く、公立校が休校となる入試日は学生で激混みになります。また、6月2日（横浜開港記念日）、6月15日（千葉県民の日）、10月1日（東京都民の日）、11月14日（埼玉県民の日）も混雑する日です。

　またTDL、TDSはともに通常21時閉園ですが、夜間貸切営業で片方が18時閉園になることがあります。このような日は、夜間貸切営業のほうは空きますが、もう片方に人が流れるので、通常営業のほうは混雑します。

　イベント初日はファンが殺到し、ショーやパレードが大混雑。ただしアトラクションには影響なし。映画効果で超人気になった2015年のアナ雪イベントのような例外もありますが、イベント期間中ずっと激混みになることはまずありません。

凡例

A 激混み入園制限レベル	**D** 混雑する時期の平日レベル
B 混雑する時期の土日レベル	**E** 普通の平日レベル
C 普通の土日レベル	**F** ガラガラの日レベル
	① 祝日

1月 1年で一番空いている！三連休後はガラガラに！

日	月	火	水	木	金	土
①	②	3	4	5	6	7
8	⑨	10	11	12	13	14
15	16	17	18	19	20	21
22	23	24	25	26	27	28
29	30	31				

2月 入園者数は少ない時期だけど入試休みでアトラクが超混雑

日	月	火	水	木	金	土
			1	2	3	4
5	6	7	8	9	10	⑪
12	13	14	15	16	17	18
19	20	21	22	㉓	24	25
26	27	28				

3月 平日も土日も、毎日が激混み！1年で一番混む地獄の春休み

日	月	火	水	木	金	土
			1	2	3	4
5	6	7	8	9	10	11
12	13	14	15	16	17	18
19	20	㉑	22	23	24	25
26	27	28	29	30	31	

4月 新年度で空く第二の閑散期 TDR40周年スタート後はやや混雑

日	月	火	水	木	金	土
						1
2	3	4	5	6	7	8
9	10	11	12	13	14	15
16	17	18	19	20	21	22
23 / 30	24	25	26	27	28	㉙

季節のプログラム

TDL	TDS

1月1日〜1月16日 お正月の東京ディズニーリゾート

以前は5日間のみの開催だったお正月イベントが、期間を拡大しての開催に。和服姿のミッキーたちが登場する《ニューイヤーズ・グリーティング》は見逃せない！ 両パークのエントランスには門松が登場。2023年の干支"卯"をテーマにしたグッズやメニューも展開され、和の雰囲気溢れるパークが楽しめます。

1月18日〜3月31日 ミニー・ベスティーズ・バッシュ！

ミニーへの大好きな気持ちを表現する新イベント。両パークで小規模のパレードやショーの公演があります。

1月4日〜3月17日 タワー・オブ・テラー "アンリミテッド"

複数の落下パターンが楽しめる期間限定"最恐"バージョン。

2023年4月15日〜2024年3月31日 東京ディズニーリゾート40周年 "ドリームゴーラウンド"

TDLが開園40周年を迎える4月15日から、両パークで記念イベントが開催されます。40周年のテーマは、ゲストやキャスト、ディズニーの仲間たち、みんなの色とりどりの夢がひとつにつながる"ドリームゴーラウンド"。1年間のイベントのオープニングとして、TDLで新パレード《ディズニー・ハーモニー・イン・カラー》がスタートします。

5月 今年のGWはTDR40周年で混雑！下旬の月曜は学校行事の代休で混雑

日	月	火	水	木	金	土
	1	2	③	④	⑤	6
7	8	9	10	11	12	13
14	15	16	17	18	19	20
21	22	23	24	25	26	27
28	29	30	31			

6月 混雑よりも梅雨の悪天候が大敵！代休の月曜や県民の日など注意日多数

日	月	火	水	木	金	土
				1	2	3
4	5	6	7	8	9	10
11	12	13	14	15	16	17
18	19	20	21	22	23	24
25	26	27	28	29	30	

7月 夏休みに行くなら7月中！暑さも混雑も本番になる前に！

日	月	火	水	木	金	土
						1
2	3	4	5	6	7	8
9	10	11	12	13	14	15
16	⑰	18	19	20	21	22
23/30	24/31	25	26	27	28	29

8月 とにかく暑さに注意！お盆期間も激混みにはなりません

日	月	火	水	木	金	土
		1	2	3	4	5
6	7	8	9	10	⑪	12
13	14	15	16	17	18	19
20	21	22	23	24	25	26
27	28	29	30	31		

季節のプログラム

TDL	TDS

例年は…

5月上旬〜11月上旬
カントリーベア・シアター
"バケーション・ジャンボリー"

夏のバケーションをテーマにした演目「バケーション・ジャンボリー」を公演。

過去には…

6月中旬〜7月7日
七夕イベント

約1カ月にわたる七夕イベントでは、小規模ながらも和の雰囲気あふれるグリーティングパレード・ショーが公演されていましたが、2020年以降は開催されていません。

7月4日〜9月6日
"びしょ濡れ"
トゥーンタウン

2023年に初めて実施される、〈トゥーンタウン〉の"びしょ濡れ"バージョン。子どもを中心に楽しめるスポットになりそうです。

7月4日〜9月6日
ダッフィー＆フレンズ
グリーティングショー

〈メディテレーニアンハーバー〉で、ダッフィー＆フレンズが船の上からご挨拶をするグリーティングショーを期間限定公演。

7月4日〜9月6日
スプラッシュ・マウンテン
"びしょ濡れMAX"

2022年に初めて実施された、水が大増量した夏限定バージョン。最前列から最後列までずぶ濡れに！

7月4日〜9月6日
アクアトピア
"びしょ濡れ
バージョン"

毎年実施されている"びしょ濡れ"コースが登場するバージョン。上半身がずぶ濡れに！

9月　三連休からハロウィーンの混雑が本格化！　下旬は月曜日の混雑にも要注意

日	月	火	水	木	金	土
					1	2
3	4	5	6	7	8	9
10	11	12	13	14	15	16
17	(18)	19	20	21	22	(23)
24	25	26	27	28	29	30

10月　1年を通じて、3月に次いで混雑する月！　学校行事が多く、月曜は混む

日	月	火	水	木	金	土
1	2	3	4	5	6	7
8	(9)	10	11	12	13	14
15	16	17	18	19	20	21
22	23	24	25	26	27	28
29	30	31				

11月　クリスマスは11月中がオススメ！　11月頭のイベント前は意外と混雑

日	月	火	水	木	金	土
			1	2	(3)	4
5	6	7	8	9	10	11
12	13	14	15	16	17	18
19	20	21	22	(23)	24	25
26	27	28	29	30		

12月　25日に近づくにつれて混む！　以降も30日まで混雑続きの年末

日	月	火	水	木	金	土
					1	2
3	4	5	6	7	8	9
10	11	12	13	14	15	16
17	18	19	20	21	22	23
24 / 31	25	26	27	28	29	30

季節のプログラム

TDL	TDS

9月15日～10月31日　ディズニー・ハロウィーン

毎年恒例のハロウィーンイベント。2022年は、TDLで昼はミッキー＆フレンズが登場するパレード、夕方はヴィランズが登場するパレードと、2種類のパレードを公演。TDSではグリーティングショーと、過去のハロウィーンイベントのショーをダイジェストで振り返るショーを公演。花火もハロウィーンバージョンに。

例年は…
9月上旬～1月上旬　ホーンテッドマンション"ホリデーナイトメアー"

映画『ナイトメアー・ビフォア・クリスマス』をモチーフにした限定バージョン。

例年は…
11月上旬～12月25日　カントリーベア・シアター"ジングルベル・ジャンボリー"

クリスマスをテーマにした「ジングルベル・ジャンボリー」を公演。

11月8日～12月25日　ディズニー・クリスマス

毎年恒例のクリスマスイベント。2022年は、3年ぶりに両パークに大型のクリスマスツリーが登場。TDLではパレードを、TDSではグリーティングショーと過去のクリスマスイベントのショーをダイジェストで振り返るショーを公演。花火もクリスマスバージョンに。

例年は…
12月31日～1月1日　ニューイヤーズ・イブ

年越し特別営業では、新年を迎えると同時に特別な花火の打ち上げでお祝いをしますが、コロナ禍以降、開催されていません。

2022年5月にアトラクションの利用システム一変！
有料パス『ディズニー・プレミアアクセス』登場

今のTDL・TDSには、無料パスがありません！
アトラクションは基本的に並ぶか有料パスだけ！

TDL・TDSでは2022年5月に人気アトラクションに『ディズニー・プレミアアクセス』という有料パスが導入され、購入者は待つことなく利用できるように！　コロナ前にあったファストパスはなくなったため、アトラクションを利用するには『並ぶ』か『有料パスを買う』しかありません。また、TDS新ショー（P2）にも、一部鑑賞エリアへの入場にこの有料パスが導入されています。

POINT

- 並ばずに乗れるパス！
- 当日、入園後に購入できる！
- 利用したい時間帯を選べる！
- 1人1,500〜2,500円
- ファストパスなどの**無料パスはない！**

	対象施設	
	TDL	**TDS**
2,500円		ビリーヴ！〜シー・オブ・ドリームス〜（P2、ショー）
2,000円	美女と野獣 "魔法のものがたり"（P8）	ソアリン：ファンタスティック・フライト（P78） トイ・ストーリー・マニア！（P81）
1,500円	ベイマックスのハッピーライド（P12） スプラッシュ・マウンテン（P45）	タワー・オブ・テラー（P84） センター・オブ・ジ・アース（P91）

取得は公式アプリで！

プレミアアクセスの使い方

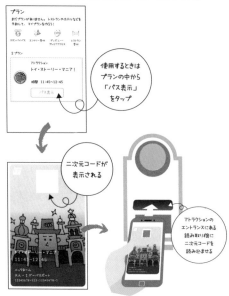

注意点 ① 2つの施設で利用したくても同時には取得できない！

プレミアアクセスは、同時に2つ以上取得することができません。例えば、TDSで《ソアリン…》と《トイ・ストーリー・マニア！》両方のプレミアアクセスを取得する場合、先に20:00〜の時間を指定してしまうと、それを**使ってからでないと取得できない**ため、21時前後の遅い時間になってしまいます。時間は余裕をもって！

注意点 ② アプリではカード決済のみ！

アプリ上での購入は、クレジットカード、デビットカード、プリペイドカードのみ。**現金や電子マネー等で購入する場合は、メインストリート・ハウス（TDL）かゲストリレーション（TDS）へ。**

注意点 ③ 休止の場合は払い戻し

利用時間にアトラクションがシステム調整等により休止していた場合は、払い戻しとなります。

TDL TDS 主要10アトラクション待ち時間を徹底比較！

●激混み日の待ち時間

	アトラクション	9:00	9:30	10:30	11:30	12:30	13:30	14:30	15:30	16:30	17:30	18:30	19:30	20:30
TDL	ビッグサンダー・マウンテン	55	55	55	45	60	60	60	60	60	45	45	25	20
	スプラッシュ・マウンテン	55	65	80	50	65	65	70	70	75	60	45	案内終了	
	プーさんのハニーハント	65	65	55	50	60	60	50	50	60	40	40	35	30
	美女と野獣	190	190	150	170	140	150	170	150	140	130	100	案内終了	
	ベイマックス	120	100	70	60	70	60	65	70	70	60	70	50	案内終了
TDS	ソアリン	200	200	180	200	170	170	180	200	210	200	案内終了		
	トイ・ストーリー・マニア	180	200	170	150	120	140	180	190	140	130	120	100	案内終了
	タワー・オブ・テラー	110	120	140	150	100	100	120	120	110	100	90	80	案内終了
	インディ・ジョーンズ	30	55	70	70	80	65	70	75	80	65	55	45	案内終了
	センター・オブ・ジ・アース	65	80	80	90	85	90	85	85	100	100	90	75	案内終了

●普通の土日の待ち時間

	アトラクション	9:00	9:30	10:30	11:30	12:30	13:30	14:30	15:30	16:30	17:30	18:30	19:30	20:30
TDL	ビッグサンダー・マウンテン	40	50	40	40	50	45	45	40	40	45	35	25	20
	スプラッシュ・マウンテン	50	55	50	45	50	55	60	55	45	45	35	案内終了	
	プーさんのハニーハント	60	65	55	35	45	45	40	35	35	35	30	20	20
	美女と野獣	125	135	115	120	110	120	135	140	120	110	85	65	案内終了
	ベイマックス	100	75	65	55	50	50	45	50	60	55	45	40	案内終了
TDS	ソアリン	145	145	145	155	120	130	130	140	160	155	140	案内終了	
	トイ・ストーリー・マニア	100	120	120	100	100	110	120	120	115	110	90	80	案内終了
	タワー・オブ・テラー	90	110	120	120	90	100	110	120	100	90	75	60	案内終了
	インディ・ジョーンズ	20	40	60	65	65	65	65	65	70	55	45	45	25
	センター・オブ・ジ・アース	55	70	75	80	80	80	75	75	80	75	70	70	案内終了

●混んでいる平日の待ち時間

	アトラクション	9:00	9:30	10:30	11:30	12:30	13:30	14:30	15:30	16:30	17:30	18:30	19:30	20:30
TDL	ビッグサンダー・マウンテン	25	30	30	20	30	30	40	30	30	20	30	20	15
	スプラッシュ・マウンテン	45	40	30	25	40	40	45	45	45	35	35	一時休止	25
	プーさんのハニーハント	45	50	35	35	35	40	35	35	35	35	25	20	20
	美女と野獣	105	100	80	90	70	70	70	80	60	60	60	55	案内終了
	ベイマックス	90	50	45	35	50	45	45	50	55	50	45	45	案内終了
TDS	ソアリン	120	90	75	85	80	75	80	80	80	75	75	55	案内終了
	トイ・ストーリー・マニア	70	80	70	65	55	65	70	70	65	60	60	45	案内終了
	タワー・オブ・テラー	50	70	70	75	60	60	70	75	60	60	50	45	案内終了
	インディ・ジョーンズ	5	10	35	35	35	35	40	40	45	25	15	10	5
	センター・オブ・ジ・アース	35	60	60	70	50	60	45	45	50	45	40	30	25

●普通の平日の待ち時間

	アトラクション	9:00	9:30	10:30	11:30	12:30	13:30	14:30	15:30	16:30	17:30	18:30	19:30	20:30
TDL	ビッグサンダー・マウンテン	5	15	20	10	10	10	20	15	5	5	10	10	5
	スプラッシュ・マウンテン	15	25	25	15	15	15	25	20	15	15	15	5	案内終了
	プーさんのハニーハント	30	30	25	25	30	30	25	25	25	14	15	8	8
	美女と野獣	75	70	50	55	40	50	55	55	40	35	30	20	20
	ベイマックス	45	40	40	35	35	35	35	40	35	35	35	25	20
TDS	ソアリン	65	60	50	55	55	45	50	50	50	45	45	35	案内終了
	トイ・ストーリー・マニア	50	50	55	45	45	45	50	50	50	40	40	25	案内終了
	タワー・オブ・テラー	30	50	55	55	45	45	50	55	40	35	35	25	案内終了
	インディ・ジョーンズ	5	5	10	15	15	10	10	10	20	10	5	5	5
	センター・オブ・ジ・アース	20	25	25	30	30	25	25	20	20	20	20	20	15

これだけ変わった！今のパークの楽しみ方

レストランやショップに、利用パスが登場!?
知って得する! スタンバイパス&ショー抽選

「スタンバイパス」ナシでは
そのレストランやショップに入れない!?

コロナ禍で登場した「スタンバイパス」は、**取得しないとその施設が利用できない**仕組みです。以前はアトラクションが対象でしたが、現在は一部の期間限定バージョンを除いてアトラクションの対象施設はなくなり、**主にショップとレストランが対象**となっています。

取得は入園後に公式アプリで!
アトラクはパスなしで利用できるケースも

「スタンバイパス」は、入園後に公式アプリ上で取得でき、取得方法も使い方も「ディズニー・プレミアアクセス」（P26）とほぼ同じ。

なお、アトラクションの場合は、対象施設となっていても**開園直後や閉園間際**などにパスなしで利用できる時間帯が設けられるケースが多いです。

これまでに対象となった施設

アトラクション

TDL **ホーンテッドマンション"ホリデーナイトメアー"**
（9月上旬〜1月上旬の期間限定バージョン）

ショップ

TDL **季節イベントのグッズショップ**
TDS イースター、ハロウィーン、クリスマスなどの
季節イベントグッズ発売初日〜3日目くらいまで

TDS **ダッフィーグッズのショップ**
新グッズ発売初日〜3日目くらいまで

TDS **アブーズ・バザール**
新グッズ発売初日〜3日目くらいまで

レストラン

TDS **ダッフィー関連メニューのあるレストラン**
新メニュー発売初日〜2日目くらいまで

POINT

● **発券中の時間帯は取得しないと利用・入店できない！**

● **1日に何回でも取れる！**

● アトラクション、ショップ、レストランそれぞれ**同時に1つまでしか取れない！**

● 2つめのパス取得は
　①取ったパスの利用開始時間
　②取得から2時間後
　のうち早いほう

エントリー受付＝抽選
人気の施設なので必ず抽選！

「エントリー受付」とは、抽選システムのこと。案内できる人数に限りがあるショーやグリーティングは、**抽選で当選しないと利用できません**。当たれば、座席指定（グリーティングは時間指定）で待たずに利用可能。1施設につき**抽選は1日1回のみ**。ただし、その日の混み具合により、ショーには並べば鑑賞できる自由席が設けられることも。

エントリー受付（抽選）の対象施設

TDL
・ミッキーのマジカルミュージックワールド（P60）
・ジャンボリミッキー！レッツ・ダンス！（P60）
・クラブマウスビート（P58）
・メインストリート・ハウス前（グリーティング、P57）

TDS
・ビリーヴ！〜シー・オブ・ドリームス〜（P2）
　※一部鑑賞エリアのみ
・ビッグバンドビート〜ア・スペシャルトリート〜（P98）
・ジャンボリミッキー！レッツ・ダンス！（P96）

攻略法いらずのバケーションパッケージ

予算があるなら使いたい! 超豪華な公式宿泊プランの魅力

「バケーションパッケージ」は、ホテル宿泊と各種チケット・パスがセットになった公式宿泊プランです。公式サイトの「予約・購入」ページにさまざまなプランが用意されています。1人6〜9万円ほどと高額ですが、豪華な内容で満足度は抜群。筆者クロロも年1回は利用して、満喫しています!

バケパのここがスゴい①

ディズニーホテル宿泊とパークチケットがセットに!

ディズニーホテルの中でも憧れの豪華なホテルからリーズナブルなホテルまで選択の幅があり、選んだ客室と滞在日数分のパークチケット(1泊2日なら1人2枚)がついてきます。

バケパのここがスゴい②

待たずに乗れるアトラクション利用券付き!

現在、有料パス(P26)が導入されているアトラクションはまだかなり少なく、大半のアトラクションは並んで乗らなければなりません。バケパには、アトラクション利用券がつくので待たずにスグ乗れます! 有料パスの対象アトラクションも選択でき、事前に時間を指定してアトラク利用が確約できるのはうれしい!

バケパのここがスゴい③

抽選制のショーが確実によい席で見られる!

ショーは人気が高く、ほとんどのものが抽選制です。バケパには、そんな抽選制のショーの鑑賞券もつけることができるので、見たいショーが確実に見られるメリットが! とくに新ショーや季節イベントのショーの鑑賞券がつくプランはファンの間で人気が高く、これがバケパの一番の魅力と語る人も多いほどです。

バケパのここがスゴい④

人気ドリンク飲み放題! フリードリンク券がアツい

隠れた魅力がフリードリンク券。ソフトドリンクだけでなく、ノンアルコールなら季節限定の人気ドリンクも飲み放題! スパークリングドリンクやゼリードリンクなど、1つ600円もするドリンクがいくらでも飲めるので、夏以外も重宝する激アツ特典です。

バケパのここがスゴい⑤

選べるオリジナルグッズ付き! ポップコーンバケットなども

バケパにはオリジナルグッズがついてきて、滞在中にパーク内で受け取ることができます。グッズは4種類から1つ選ぶことができ、定期的に変わります。ぬいぐるみ、レジャーシート、パスケース、エコバッグなど、実用的なアイテムが多め。さらに、オリジナルデザインのポップコーンバケットももらえます。

こんな人にオススメ

せっかく行くならTDLとTDS両方楽しみたい!

パスの取得とかめんどくさい! すべてをラクに快適に過ごしたい!

久しぶりのパークで不安…… 失敗したくない!

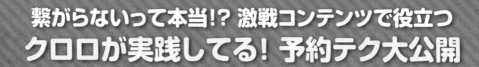

繋がらないって本当!? 激戦コンテンツで役立つ
クロロが実践してる! 予約テク大公開

公式サイトの予約・購入は「仕様」を理解して「攻略」

予約が集中して繋がりにくくなるとたびたびニュースになるので、「予約戦争」のイメージが強いTDRの公式サイト。実際はそういった激戦になる日はほんの一部。普段の予約はちょっとしたコツをつかめば、勝ち抜けます！　そこで、筆者クロロが普段実践している予約テクを伝授します！

予約のオキテ❶
予約開始「15分前」に待機
開始と同時にアクセスが必須条件

予約のオキテ❷
あらかじめ「選ぶ」
チケットなら「券種」、ホテルなら「客室」、レストランなら「日付」を選んで、人数などを入力しておく。予約までの数ステップをここで飛ばしておくだけで超有利！

2022年7月に導入された「待合室」
ここをいかに避けるかがカギ

予約・購入サイトが混雑している場合、繋がるまでの待ち時間が表示される「待合室」が2022年7月に導入されました。この「待合室」は、順番がきたときに表示されるボタンを押さずに放置してしまうと並び直しになる「仕様」があり、このせいで下記のような無限ループ現象が起きます。

待合室で待つ
⬇
繋がる
⬇
予約途中で混み合っている表示
⬇
「戻る」で待合室まで戻ると放置とみなされて並び直し

これを防ぐには、まず予約のオキテ①と②を守ってここを混み合う前に突破し、「待合室」に入らないこと。次に「待合室」に戻らないこと。「待合室」を突破したあと混み合っている表示になった場合、「戻る」ではなく再度公式サイトを開いて予約・購入サイトへのアクセスを何度か試みれば、「待合室」を経由せずに予約へと進めます。

繋がらない… 予約できない…
って、本当なの!?

パークチケット
↳ **簡単に買えます！**
現在は毎日、1日分ずつ新しいパークチケットが販売開始されるので混み合いません。入園者数の上限も引き上げられ、売れ残る日がほとんどです。2022年10月のイベントワクワク割発売時は繋がらない状態になりましたが、それは2週間分をまとめて発売して激戦になったためです。

ディズニーホテル・バケパ予約
↳ **ミラコスタは激戦！ 他は余裕**
ショーが見られる部屋が多いミラコスタは常に激戦。他のホテルは簡単に予約できます。

レストラン予約
↳ **激戦！ 工夫orキャンセル拾いが必要**
レストランは土日を中心に予約が取りにくいです。予約時のテクニック、根性（キャンセル拾い）が必要。

通常時

| 公式サイト | ➡ | 予約・購入サイト |

混雑時

| 公式サイト | ➡ | 待合室 | ➡ | 予約・購入サイト |

待合室の表示

ただいまサイトが混雑しております
順番にご案内しますので、このまま
お待ちください

サイトにアクセスできる推定時刻：
16:09

待ち時間の目安
17分

最終更新：15:51:36

ここに入らない！ 戻らない！が予約戦争に勝つ秘訣！

最後まであきらめない！
意外と拾えるキャンセルを狙え！

もし予約開始時に予約できなかったり、後から予約したりする場合、キャンセル拾いを狙いましょう。パークチケットは日付変更で、ホテルやレストランはキャンセルで、意外と空きが出ます！キャンセル拾いは「暇さえあれば見る」。これに尽きます。とにかく根性！

こんなときに空きが出る！

- **キャンセル料が発生する直前**
  ディズニーホテルは2週間前から
  キャンセル料が発生

- **天気予報が悪くなったとき**
  パークチケットは雨予報になると
  直前でも空きが出る

- **ホテル泊の優先枠が解放されるとき**
  20日前〜1カ月前頃、
  余ったレストランの枠が解放される

最強の キャンセル拾いテク

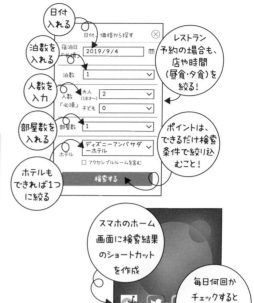

日付入れる

泊数を入れる

人数を入力

部屋数を入れる

ホテルもできれば1つに絞る

レストラン予約の場合も、店や時間（昼食・夕食）を絞る！

ポイントは、できるだけ検索条件で絞り込むこと！

スマホのホーム画面に検索結果のショートカットを作成

毎日何回かチェックするとキャンセル拾いができる！

クロロが教える

ディズニーを楽しむヒケツ

① 絶対やることを決める

「これができれば、とりあえず満足！」と思える、絶対やりたいことを3つ決めよう！その3つをこなせるだけで、満足感が得られます！

② タイムスケジュールを作らない

慣れていない人は、パークで予定どおりすごせなくても当たり前。タイムスケジュールを作るより、優先順位を決めて、やりたいことを上から順にやっていくと◎。

③ エントリーする

エントリー受付＝抽選（P28）は、当たれば待たずにショーやグリーティングが楽しめます。とくにショーは見ごたえ抜群。興味がない人もぜひお試しを！

④ 時間をお金で買う

最終手段として、有料パス（P26）やバケパ（P29）の利用を。とくに数年〜10年に1回レベルの来園なら、ケチらずにお金を積んでみては？それだけで一気に幸せになれます。

これだけ変わった！ 今のパークの楽しみ方

今はパークに行くなら必須！
準備＆当日にも公式アプリ

東京ディズニーリゾート・アプリでこんなことができる！

- ディズニー・プレミアアクセスの取得
- アトラクション、グリーティング、レストラン待ち時間の確認
- ショーの抽選
- グッズの検索と購入
- パークチケットの購入
- レストラン予約
- ホテル予約
- 写真の購入

自宅からでもリアルタイムで待ち時間を確認できる！

公式アプリのマップ機能では、アトラクションやグリーティング、レストランの待ち時間までリアルタイムで表示されます。パークに行く前日や前の週の同じ曜日に見ておくことで混み具合も確認できて、とても役立ちます。マップ上の各施設をタップすると紹介ページが開き、スマホがガイドマップ代わりに！

マップ上に待ち時間が表示される！

公式アプリのダウンロード

android

iPhone

ショー抽選はホーム画面下部の「プラン」から

アプリなら移動＆並ぶ手間なく気軽にショー抽選

公式アプリでは、ショーやグリーティングのスケジュールも確認できます。また、ショー抽選も、このアプリ上でできます。コロナ禍以降、抽選をする機会が増えているので、積極的に活用しましょう。

TDLの今を楽しむ！3つのカギ

Key Point ① 絶対はずせない！ 最新アトラクション 《美女と野獣"魔法のものがたり"》

- 世界でここだけ！
- 城内は映画の世界！
- 圧倒的な没入感！
- 有料パスを使ってでも乗りたい激推しアトラクション！

Key Point ② ゆっくり休める屋内レストランを確保！

- TDLは屋外のレストランがとても多い！
- 雨、暑さ、寒さをしのげる屋内レストランの確保を！

Key Point ③ 見ごたえありまくり！ショーは忘れず抽選しよう！

- 当たれば、待たずに指定席で鑑賞できる！

クロロがオススメ! 絶対乗るべき 鉄板アトラクションランキング

1位 これに乗らずには帰れない!
美女と野獣 "魔法のものがたり"

N1 P8

美女と野獣の城

新エリアの目玉施設となる新アトラクション。『美女と野獣』の物語が目の前で繰り広げられる光景は圧巻。身長制限もなく、ゆったりした動きなので、小さなこどもから大人まで、3世代でも楽しめるのもうれしいポイント。TDLに来たら必ず乗りたい文句なしのNo.1アトラクション!

2位 昼と夜で雰囲気も変わる
ビッグサンダー・マウンテン

10 P44

3大マウンテンでもっともスリルが少なく、誰でも気持ちよい疾走感が味わえるコースター! 金脈がきらめく鉱山を走る暴走列車からの景色も最高で、TDLを象徴するアトラクション。雰囲気の違う昼と夜で2回楽しめるのも、人気の秘密!

3位 何度も楽しめる爆笑トーク
スティッチ・エンカウンター

34 P52

おなじみのエイリアン、スティッチとリアルタイムで会話ができるアトラクション。アドリブ満載の予測不可能なトークに、爆笑間違いなし!待機列ではスティッチがTDLを楽しむ映像をお見逃しなく。

4位 1000人目になりたくなっちゃう?
ホーンテッドマンション

16 P46

999人の幽霊が住む呪われた館。水晶玉の中にいる霊媒師マダム・レオタ、幽霊たちが大合唱する『グリム・グリニング・ゴースト』、ゲストのライドに乗り込んでくるヒッチハイク・ゴーストなど、名物キャラや有名曲が盛りだくさん!

5位 リニューアル前に乗りおさめ
スペース・マウンテン

36 P54

宇宙空間を疾走するTDL最恐コースター。建て直しのため2024年のクローズが決定しており、現行バージョンが楽しめるのは、あと2年ほど!

6位 ジャック・スパロウが3度登場
カリブの海賊

3 P41

海賊たちが暴れるスリリングなカリブ海をボートで進むアトラクション。広大な空間に見事に表現された圧倒的な世界観が魅力。

7位 ハチミツの香り溢れる
プーさんのハニーハント

25 P49

ハニーポットに乗って、プーさんとハチミツ探しに出かけるアトラクション。レールのないところを進む不思議な仕組みは必見。

こどもと一緒に乗りたい
アトラクションランキング

1位
ディズニーキャラがかくれんぼ
⑲ P47

イッツ・ア・スモールワールド

『小さな世界』のメロディーにのって世界を巡るボートの旅が、2018年にリニューアル。ディズニーキャラクターの人形が約40体登場するように。あちこちに登場するキャラを探す楽しみもあって、これまで以上にこどもが楽しめるアトラクションに！

2位
光線銃に夢中になっちゃう！
㉟ P53

バズ・ライトイヤーのアストロブラスター

『トイ・ストーリー』のバズとともに、悪の帝王ザーグに挑むシューティング型アトラクション。利用制限がなく、赤ちゃん連れでもライドできるのも魅力。

3位
ネバーランドへ冒険！
⑮ P46

ピーターパン空の旅

映画『ピーター・パン』の世界を体験できるアトラクション。海賊船に乗って、空から見下ろす幻想的な景色は、こどもも目を輝かせること間違いなし！

アトラクションの利用制限に注意！

赤ちゃん抱っこでもOK	P6 ミッキーのフィルハーマジック　P41 ペニーアーケード　P41 オムニバス P42 ジャングルクルーズ　P42 ウエスタンリバー鉄道　P43 魅惑のチキルーム P43 スイスファミリー・ツリーハウス　P43 カントリーベア・シアター P43 ウエスタンランド・シューティングギャラリー　P44 トムソーヤ島いかだ P44 蒸気船マークトウェイン号　P46 ホーンテッドマンション P47 イッツ・ア・スモールワールド　P48 シンデレラのフェアリーテイル・ホール P48 アリスのティーパーティー　P50 トゥーンパーク　P50 ドナルドのボート P51 チップとデールのツリーハウス　P51 ミニーの家　P52 グーフィーのペイント＆プレイハウス P52 スティッチ・エンカウンター　P53 バズ・ライトイヤーのアストロブラスター
補助なしで座れればOK	P8 美女と野獣 "魔法のものがたり"　P41 カリブの海賊　P46 ピーターパン空の旅 P47 白雪姫と七人のこびと　P47 空飛ぶダンボ　P48 キャッスルカルーセル P48 ピノキオの冒険旅行　P49 プーさんのハニーハント P52 ロジャーラビットのカートゥーンスピン　P56 モンスターズ・インク "ライド＆ゴーシーク！"
81cm以上OK	P12 ベイマックスのハッピーライド
90cm以上OK	P45 スプラッシュ・マウンテン　P50 ガジェットのゴーコースター
102cm以上OK	P44 ビッグサンダー・マウンテン P54 スペース・マウンテン P55 スター・ツアーズ：ザ・アドベンチャーズ・コンティニュー

※《ビーバーブラザーズのカヌー探検》（P46）は、座った状態で足が届けばOK

TOKYO Disneyland

トピックス

2023年4月から約1年間！
TDR40周年イベント開催

東京ディズニーリゾート 40 周年
"ドリームゴーラウンド"

1983年に開園した東京ディズニーランドは、2023年に開園40周年を迎えます。開園日の4月15日からは、約1年にわたる周年イベントを開催！新しいショーやパレードがスタートしたり、この期間だけしか見られないショーなどが公演されたりと、特別感のある1年に！

開催期間

2023年4月15日～2024年3月31日

テーマ

「ドリームゴーラウンド」

ゲストやキャスト、ディズニーの仲間たち、
みんなの色とりどりの夢が
ひとつに繋がる

TDLを中心に開催！

お昼のパレード

ディズニー・ハーモニー・イン・カラー

4月15日スタート

『モアナと伝説の海』
『シュガー・ラッシュ』
『リメンバー・ミー』
のキャラクターがTDL初登場！

TDSでしか飲めなかったアルコールがTDLでも解禁に！

生ビールのほか
季節限定メニューも登場

これまでTDSでしか販売されていなかったアルコールが、コロナ禍中にTDLでも販売スタート。テーブルサービスの店を中心に、生ビールや季節イベント限定のカクテルなどが飲めます。最近は楽しい変わり種ドリンクもしばしば登場するので、パークに行く前は必ず公式サイトをチェックしよう！

オススメのお店はココ！

N2 ラ・タベルヌ・ド・ガストン
オードブルボックスとビールのセットあり！

9 ザ・ガゼーボ
骨付きソーセージをおつまみに！

24 カウボーイ・クックハウス

25 キャンプ・ウッドチャック・キッチン
スモークターキーレッグも相性バツグン！

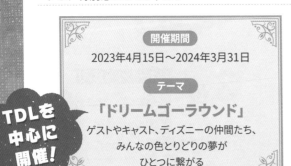

ビビディ・バビディ・ブティックTDL店は休止中！

1 店舗のみの再開で
予約は激戦！

《ビビディ・バビディ・ブティック》は、**ドレス＆メイク**でプリンセスに変身できる小学生以下向けのビューティーサロン。**東京ディズニーランドホテル店は12月16日から再開**しましたが、東京ディズニーランド店はまだ休業中。1店舗のみの営業のため、予約が取りにくくなっています。

女の子がプリンセスになれるお店！

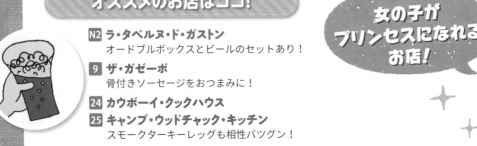

1 人気&定番をガッツリ巡るモデルコース

初めて&久しぶりの人向け! 定番&最新施設をまわる王道コース!

8:15
開園
遅くとも
8時着を目標に

9時開園の
予告でも、
たいてい早まるので
注意!

Ⓝ1 **9:15**
美女と野獣
"魔法のものがたり"
45分待ち
新エリアの風景も
ゆっくり楽しんで!

㉕ **10:15**
プーさんの
ハニーハント
40分待ち
美味しそうなハチミツの
香りも味わって!

⑩ **12:30**
ビッグサンダー・
マウンテン
30分待ち
入口の
スチームトラクターは
世界に数台の超レア物!

㉜ 昼食 **11:00**
クイーン・オブ・ハートの
バンケットホール
混雑するので早めの昼食!

⑲ **10:45**
イッツ・ア・
スモール・ワールド
10分待ち
TDLと言えばコレ!

13:30
買い物
アトラクションの待ち時間中に
公式アプリで購入してもOK!

③ **14:40**
ミッキーの家と
ミート・ミッキー
40分待ち

⑯ **15:30**
ホーンテッド
マンション
20分待ち
ヒッチハイクゴーストなど、
アトラクション内に
人気キャラも多い!

③ **17:00**
カリブの海賊
15分待ち

㉓ **16:15**
ミッキーの
フィルハーマジック
20分待ち
2022年9月リニューアル!
最新の映像&シーン追加!

⑫ 夕食 **17:30**
ブルーバイユー・
レストラン
事前予約利用
1カ月前の予約or
当日予約を忘れずに!

④ **19:30**
東京ディズニーランド・
エレクトリカルパレード・
ドリームライツ
TDL夜の定番パレード。
おなじみの音楽にのって
光輝くフロートがやってくる!

⑦ 花火 **20:30**
ディズニー・ライト・
ザ・ナイト

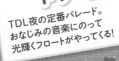

小学生以下のこどもと楽しむモデルコース

待たない・歩かない・利用制限がない、こどもと一緒でも楽しめるコース！

8:30
開園
開園待ちをせず、こどもとゆっくり

9時開園の予告でも、8:15開園になることがほとんど！

N8 9:15
ベイマックスの
ハッピーライド
30分待ち
TDL新エリアの最新ライド！
朝からテンション爆上げ
間違いなし！

19 9:50
イッツ・ア・
スモール・ワールド
5分待ち
オラフやニモなど、
人気キャラ多数！

23 10:30
ミッキーの
フィルハーマジック
20分待ち
映画『リメンバー・ミー』を
見ておくと、より楽しめる！

36 昼食 11:15
ヒューイ・デューイ・
ルーイの
グッドタイム・カフェ
キャラクターシェイプの
メニューが豊富で、こども大喜び！

3 13:00
ドリーミング・
アップ！
1時間前から待てるとベスト！
15〜30分前でも座り見エリア
後方からゆったり見られます

4月15日以降は
新パレード（P36）
を鑑賞！

34 14:00
スティッチ・
エンカウンター
20分待ち
前方や通路横が
指名されやすい！

35 14:45
バズ・ライトイヤーの
アストロブラスター
15分待ち
こども大好き！
シューティングゲーム

38 15:30
モンスターズ・インク
"ライド＆ゴーシーク！"
30分待ち
ブーの扉の中にいる
隠れニモを見つけよう！

16:00 買い物
アトラクションの待ち時間中に
公式アプリで購入してもOK！

15 17:00
ピーターパン
空の旅
25分待ち

23 夕食 17:30
ハングリーベア・
レストラン

4 19:00
ジャングルクルーズ：
ワイルドライフ・
エクスペディション
15分待ち

雨の日でも楽しめる見どころ満載モデルコース

雨の日ならではの要素＆屋内施設で、天気を気にせず楽しむコースです！

8:15
開園
遅くとも
8時着を目標に

9時開園の予告でも、
たいてい早まるので
注意！

N1 **9:15**
美女と野獣 "魔法のものがたり"
45分待ち
雷雨の中、野獣の城に逃げ込んだ
モーリスになった気持ちで……！

16 **10:00**
ホーンテッドマンション
15分待ち

3 昼食 **12:00**
センターストリート・コーヒーハウス
事前予約
雨に備えて、屋内のお店を
予約しておくと安心！

13 **11:15**
スプラッシュ・マウンテン
40分待ち
意外にもほぼ屋内

N10 **14:30**
ミニーのスタイルスタジオ
45分待ち
季節で変わる4種類の
コスチュームに注目！

36 **15:30**
スペース・マウンテン
30分待ち
建て替えのため
2024年クローズ！

37 **16:00**
スター・ツアーズ：ザ・アドベンチャーズ・コンティニュー
10分待ち

18:30
買い物
公式アプリで購入すれば、
荷物にならなくてラク！

26 夕食 **16:45**
グランマ・サラのキッチン
安心の屋内レストランで
ゆっくり休憩を

5 **19:30**
ナイトフォール・グロウ
雨の日限定。
絶対見逃せない
レアなパレード！

3 **20:00**
カリブの海賊
5分待ち

7 花火 **20:30**
ディズニー・ライト・ザ・ナイト
雨でも風さえなければ、
花火は上がる！

4 有料パスで豪華に楽しむモデルコース

予算に余裕がある人向け！
有料パス（P26）を活用して、豪華&快適に過ごすコース！

1人＋2000円

8:15
開園
遅くとも8時着を目標に

9時開園から早まることがほとんどなので注意！

N8

8:45
ベイマックスのハッピーライド
15分待ち
待ち時間の短い開園直後に。

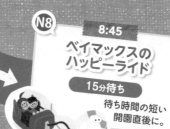

N10

9:40
ミニーのスタイルスタジオ
45分待ち
四季で変わるコスチュームに注目！

9:45
ディズニー・プレミアアクセス取得
《美女と野獣…》
次のショーを待つ間に《美女と野獣…》の有料パスを取得。時間は予定に合わせて自由に選ぼう！

N6

10:50
ミッキーのマジカルミュージックワールド
ほとんどの日は自由席＝抽選なしの初回公演を狙おう！

昼食
26

11:30
グランマ・サラのキッチン
天気や季節を気にせずに使える屋内レストラン！

13

13:30
スプラッシュ・マウンテン
60分待ち
落下時の写真は、アプリに読み込んで購入！

16

14:15
ホーンテッドマンション
25分待ち
キャストの不気味な低いテンションにも注目！

15:00
買い物
アトラクションの待ち時間中に公式アプリで購入してもOK！

4

16:30
ジャングルクルーズ：ワイルドライフ・エクスペディション
25分待ち

N1

15:45
美女と野獣 "魔法のものがたり"
プレミアアクセス利用
有料パスで、待たずに最新アトラクションを体験！

夕食
8

17:00
クリスタルパレス・レストラン
事前予約利用
1カ月前の予約or当日予約を忘れずに！

4

19:30
東京ディズニーランド・エレクトリカルパレード・ドリームライツ
TDLと言ったらコレ！幻想的な夢のパレード！

花火
7

20:30
ディズニー・ライト・ザ・ナイト

スーベニアメダルには イベント限定版も!

① ペニーアーケード

ふわふわの動物が景品のクレーンゲームも

19世紀後半のレトロゲームが揃うゲームセンター。ピンボールなど簡単な操作でできるゲームや占い、ミッキーシェイプの景品がもらえるクレーンゲームも。**スーベニアメダルが作れる機械も複数台あり**、期間限定デザインは人気。

> 1セントを意味するペニー。
> 10円でできるゲーム機が
> たくさん! ♪

その他	混雑度 **F**	利用制限
こども向き ☆☆☆☆☆	こどもが怖がる要素 暗速高落	！ なし
絶叫度 ▢▢▢▢▢		

2階の特等席に座るには 待ち列先頭で次回を待て!

② オムニバス

右側の座席は常にシンデレラ城が見える

シンデレラ城周辺のパレードルートを周遊する2階建てのバス。2階席は景色が良く、前を向ける先頭の席が特等席! パレード中は、バスが城前に停車し、乗り込んで写真撮影もできます。基本的に次回乗車待ちで、**待ち時間はほぼなし**。

> パレード前後は休止。
> ショースケジュール要確認。
> 日没で運営終了!

乗り物	混雑度 **E**	利用制限
こども向き ☆☆☆☆☆	こどもが怖がる要素 暗速高落	！ なし
絶叫度 ▢▢▢▢▢		

出発直後に運が良ければ現れる 流れ星を見逃すな!

③ カリブの海賊

落下直後には"デッドマンズ・チェスト"も!

海賊たちの世界をボートで冒険。映画『パイレーツ・オブ・カリビアン』のジャックやバルボッサなども登場。出発直後の沼地では、運が良いと流れ星が見られることも。回転率が高いので待ち時間が少なめ、**屋内で天気・気温に左右されず、約15分も楽しめる**"困ったときのカリブ"!

> 2023年4月まで
> 長期休止中
> 休止明けの
> 変化に注目!

乗り物	混雑度 **D**
こども向き ☆☆☆☆☆	こどもが怖がる要素 **暗速高落**
絶叫度 ▢▢▢▢▢	
利用制限 ✕ なし ！ なし	

待ち時間

	平日	混む平日	土日	激混み
9:00	5	5	10	20
9:30	5	10	15	20
10:30	10	15	20	35
11:30	5	15	20	30
12:30	5	10	15	25
13:30	5	5	15	25
14:30	5	10	20	25
15:30	10	15	20	25
16:30	10	15	20	25
17:30	10	10	15	20
18:30	5	5	10	20
19:30	5	5	5	15
20:30	5	5	5	5

> 途中、大きな海賊船からの大砲の攻撃を真横から見られる!

> 席は船の前方左側がオススメ!

ワールドバザール
アドベンチャーランド
ウエスタンランド
クリッターカントリー
ファンタジーランド
トゥーンタウン
トゥモローランド

神殿内のプロジェクションマッピングは全部で3種類！

④ ジャングルクルーズ：ワイルドライフ・エクスペディション

世界のディズニーパークで初のオリジナル音楽

個性溢れる船長のトークが面白い、ボートでジャングルを探検するアトラクション。日没後の**ナイトクルーズ**では**イルミネーション**も加わり、昼間とは全く違う雰囲気に！伝説の神殿のプロジェクションマッピングの演出は全部で3種類！**利用制限がなく、ファミリー客に人気。**

ファミリー客が減る19時頃から一気に空く！ナイトクルーズを狙え

乗り物		混雑度 C
こども向け ☆☆☆☆☆		こどもが怖がる要素 暗 速 高 落
絶叫度 □□□□□		
利用制限		
👤 ▶なし		！▶なし

待ち時間

	平日	混む平日	土日	激混み
9:00	5	10	15	20
9:30	5	10	25	25
10:30	5	15	30	30
11:30	5	15	25	30
12:30	10	20	25	35
13:30	10	25	30	35
14:30	15	20	20	30
15:30	15	25	35	40
16:30	10	25	25	35
17:30	5	15	15	30
18:30	5	15	15	20
19:30	5	10	10	10
20:30	5	5	5	10

ほとんどのスポットがあるのは進行方向右側！

⑤ ウエスタンリバー鉄道

恐竜世界は暗くなるので、こどもは要注意

煙を吐き出す**蒸気機関車**に乗ってパーク内を周遊。ネイティブアメリカンの集落や西部開拓時代を巡り、恐竜の化石が発掘された《ビッグサンダー・マウンテン》（P44）を通り過ぎると太古の恐竜世界にタイムスリップ。多くのスポットが右側に見えるので、右側の席がオススメ！

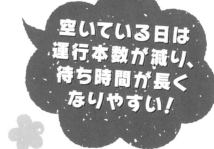

空いている日は運行本数が減り、待ち時間が長くなりやすい！

乗り物		混雑度 D
こども向け ☆☆☆☆☆		こどもが怖がる要素 暗 速 高 落
絶叫度 □□□□□		
利用制限		
👤 ▶なし		！▶なし

待ち時間

	平日	混む平日	土日	激混み
9:00	案内開始前	案内開始前	案内開始前	案内開始前
9:30	5	5	10	15
10:30	5	20	20	35
11:30	10	10	20	20
12:30	10	20	25	25
13:30	10	25	25	25
14:30	15	15	15	15
15:30	15	15	20	25
16:30	15	20	20	25
17:30	15	15	15	15
18:30	10	10	10	10
19:30	案内終了	案内終了	案内終了	案内終了
20:30				

ワールドバザール

アドベンチャーランド

ウエスタンランド

クリッターカントリー

ファンタジーランド

トゥーンタウン

トゥモローランド

中央寄りの座席は
スティッチに水をかけられるかも？

⑥ 魅惑のチキルーム：スティッチ・プレゼンツ"アロハ・エ・コモ・マイ！"

次回案内まで腰かけられる岩は暖房入り

ハワイの鳥たちが歌声を披露するショーにスティッチが乱入！　入口の看板や建物にスティッチの**足跡**があり、迷子のスティッチを探す**リロのポスター**も。運が悪いとショー中、いたずら好きのスティッチに水をかけられるかも？

混雑日でも次回案内待ちで
空いている！
空き時間に立ち寄ろう

ショー	混雑度 E	利用制限
こども向き ☆☆☆☆☆	こどもが怖がる要素 暗 速 高 落	！ なし

絶叫度 □□□□□

「花火の穴場スポット」は誤り！
高台からの景色を楽しもう

⑦ スイスファミリー・ツリーハウス

階段が意外と急なので気を付けて！

無人島での生活の知恵が詰まった高さ19mのツリーハウスを探検。TDLで唯一パークを一望できます。花火の穴場スポットと言われますが、実際は木の葉であまり見えません。ネットやSNSで写真がまったく出てこないのはそのため。

ディズニー映画
『スイスファミリー・ロビンソン』
の家を再現！♪

ウォークスルー	混雑度 F	利用制限
こども向き ☆☆☆☆☆	こどもが怖がる要素 暗 速 高 落	！ なし

絶叫度 □□□□□

1年の半分以上が限定バージョン！
季節感ある演出に注目を

⑧ カントリーベア・シアター

リーダーのヘンリーはグッズ化される人気

18頭の熊たちによるカントリーベア・バンドのコンサート。5月頃～11月頭までは「バケーション・ジャンボリー」、11・12月は「ジングルベル・ジャンボリー」を開催。全体が見渡せる**後方の席**が見やすいです。混雑日でも次回案内。

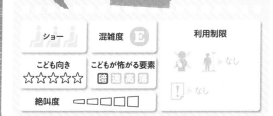

限定バージョンは
演奏曲とバンドメンバーの
衣装も変わる！♪

ショー	混雑度 E	利用制限
こども向き ☆☆☆☆☆	こどもが怖がる要素 暗 速 高 落	！ なし

絶叫度 □□□□□

ラッキー的に当たると
レアなバッジがもらえる！

⑨ ウエスタンランド・シューティングギャラリー

ラッキー的は日替わり！

ライフル銃で赤く光る的を撃つ射的ゲーム。1回200円で10発。全弾命中で銀の、ラッキー的に当たると金の保安官バッジがもらえ、デザインは時期によって変わります。難易度の高い**ネズミ**がラッキー的になることが多いです。

意外と混雑し
休日には20分待ちも
珍しくない！

その他	混雑度 D	利用制限
こども向き ☆☆☆☆☆	こどもが怖がる要素 暗 速 高 落	！ なし

絶叫度 □□□□□

ワールドバザール
アドベンチャーランド
ウエスタンランド
クリッターカントリー
ファンタジーランド
トゥーンタウン
トゥモローランド

アトラクションの裏技

待ち時間が短いのは12〜14時！
後ろの席ほどスリル増大 ⑩ ビッグサンダー・マウンテン

座席の希望を聞いてもらえることも！

　無人の鉱山列車に乗り込んで、廃坑を猛スピードで駆け抜けるアトラクション。6両という長い編成のため、**後ろの車両になるほどスピードも遠心力も増します**。夜景が楽しめる夜も人気で、閉園間際でも待ち時間が短くなりにくいです。花火や夜のパレードのタイミングには幻想的。

世界に数台！
1898年製のスチーム
トラクター

乗り物		混雑度 B

こども向き ☆☆☆☆☆	こどもが怖がる要素 暗 速 高 落

絶叫度 □□□□□

利用制限
102cm未満不可
妊娠中・高齢者不可
体調制限

待ち時間

	平日	混む平日	土日	激混み
9:00	5	25	40	55
9:30	15	30	50	55
10:30	20	30	40	55
11:30	10	20	40	45
12:30	10	30	45	60
13:30	10	30	45	60
14:30	20	40	45	60
15:30	15	30	40	60
16:30	5	30	40	60
17:30	5	20	45	45
18:30	10	30	35	45
19:30	10	20	25	25
20:30	5	15	20	20

いかだに乗ってから戻るまで
1時間はかかる！

⑪ トムソーヤ島いかだ

アスレチック要素満載の島に渡るいかだ

　いかだはあくまで島への移動手段で、トムソーヤ島内では自由に冒険ができます。島内には洞窟や、水辺に浮くたる橋、水が飛び出るガイコツ岩など、こどもが喜ぶ仕掛けが満載！　**いかだ乗り場にあるマップ**を忘れずに取りましょう。

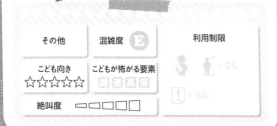

島内の砦には、
パーク内でレアなペットボトル
自販機もある！

その他		混雑度 E

こども向き ☆☆☆☆☆	こどもが怖がる要素 暗 速 高 落

絶叫度 □□□□□

利用制限
なし
なし

停泊中の船上から
花火が見られることも！

⑫ 蒸気船マークトウェイン号

BGMがロマンチックな夜は、隠れたデートスポット！

　蒸気船に乗ってアメリカ河を1周。船内は1階から3階まであり、座れる場所も多く、自由に移動できます。眺めの良い3階が人気。**花火（P61）の前後は運営中止**になりますが、休日などの混雑日には停泊中の船に入れることも。

1階船首のメインデッキも、
水辺の景色がよく見えて
オススメ！ ♪

乗り物		混雑度 E

こども向き ☆☆☆☆☆	こどもが怖がる要素 暗 速 高 落

絶叫度 □□□□□

利用制限
なし
なし

ワールドバザール
アドベンチャーランド
ウエスタンランド
クリッターカントリー
ファンタジーランド
トゥーンタウン
トゥモローランド

花火中の休止直後を狙えば待ち時間が短い!

⑬ スプラッシュ・マウンテン

一番濡れるのは最前列! 最後の落下の写真撮影は右斜め上を見よう!

笑いの国を目指して旅するブレア・ラビットの物語をボートで体験する絶叫ライド。**落下は大小計4回**で、最後は16mの高さからTDL最速のスピード時速62kmで滝つぼに落下します。そのインパクトが大きいため、「恐い」イメージが強いですが、途中は明るく陽気な曲に包まれた「楽しい」アトラクションです。TDLで待ち時間の長さトップ3に入る人気。花火の時間帯は、打ち上げ場所に近いため、一時的に案内が休止されます。その後は待ち時間が短くなるので狙い目。

乗り物	混雑度 B
こども向き ☆☆☆☆☆	こどもが怖がる要素 暗 速 高 落

絶叫度 ▢▢▢▢▢

利用制限：90cm未満不可 / 体調・体格制限 妊娠中・高齢者不可

プレミアアクセス　シングルライダー

待ち時間

	平日	混む平日	土日	激混み
9:00	15	45	50	55
9:30	25	40	55	65
10:30	25	30	50	80
11:30	15	25	45	50
12:30	15	40	50	65
13:30	15	40	55	65
14:30	25	45	60	70
15:30	20	45	55	70
16:30	15	45	45	75
17:30	15	35	45	60
18:30	15	35	35	45
19:30	5	-	案内終了	案内終了
20:30	案内終了	25		

㊙マル秘情報　夏限定"びしょ濡れMAX"ver.

2022年に初めて実施された、通常より水量を大幅アップした限定バージョン"びしょ濡れMAX"が、2023年夏にも実施決定!滝つぼの水量アップ＋周辺にも水が飛び散るようになっていて、最前列から最後尾までどの座席でも上半身はずぶ濡れ必至! 今後、夏の定番になりそう!

滝つぼの水量は気温で変化! 夏は多めで、冬は少なめ!

混雑日は有料パス（P26）を使うのもアリ!

間近に迫るウエスタンリバー鉄道は大迫力!

アトラクション出口のトイレは穴場!

出発直後と最後の落下は、外からでも見られる!

アトラクションの裏技

ワールドバザール
アドベンチャーランド
ウエスタンランド
クリッターカントリー
ファンタジーランド
トゥーンタウン
トゥモローランド

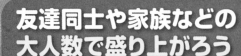

友達同士や家族などの大人数で盛り上がろう

⑭ ビーバーブラザーズのカヌー探検

30分以上待ちも珍しくない！　午前中が空いている

カヌーを漕いでアメリカ河を1周する**TDL唯一の人力アトラクション**。キャストのトークが魅力で、カヌーの漕ぎ方もレクチャーしてもらえますが、意外と水がはねて足元が濡れます。

意外と混雑し、休日は30分前後の待ち時間に。

乗り物	混雑度 C
こども向け ☆☆☆☆☆	
こどもが怖がる要素 暗速高落	
絶叫度 □□□□□	

利用制限
座った状態で足の届かない方は利用不可
⚠ 7歳未満はライフジャケット着用

待ち時間

	平日	混む平日	土日	激混み
9:00				
9:30				
10:30				
11:30	案内開始前	案内開始前	案内開始前	案内開始前
12:30	5	10	15	15
13:30	5	15	25	45
14:30	5	20	30	45
15:30	5	15	25	30
16:30	5	10	20	30
17:30	案内終了	案内終了	案内終了	案内終了
18:30				
19:30				
20:30				

しばらく乗っていない人こそ幻想的な光景に感動必至

⑮ ピーターパン空の旅

空いているのは開園30分後まで！

空飛ぶ海賊船に乗って、ネバーランドを冒険。星空を飛んでいるような**美しいライティング**が幻想的。回転率が低いため空いている日でも待ち時間が20分を下回ることはほとんどありません。待たずに乗れるのは開園直後だけ！

乗り物	混雑度 C
こども向け ☆☆☆☆☆	
こどもが怖がる要素 暗速高落	
絶叫度 □□□□□	

利用制限
⚠ ▶ なし
⚠ ▶ なし

待ち時間

	平日	混む平日	土日	激混み
9:00	10	20	25	25
9:30	15	25	30	30
10:30	15	20	30	30
11:30	15	20	25	25
12:30	15	25	30	35
13:30	20	25	30	30
14:30	20	30	35	40
15:30	20	30	40	45
16:30	25	30	35	40
17:30	20	20	30	40
18:30	20	25	30	30
19:30	15	15	20	35
20:30	10	15	20	25

999の幽霊がいるアトラクションに1人だけ人間がいる！

⑯ ホーンテッドマンション

唯一登場する人間は、墓地入口にいる見回りの管理人

999の幽霊が住む館の中を、ドゥームバギーと呼ばれる動くイスに乗って探検。1000人目の仲間を待つ幽霊たちはゲストを歓迎します。**毎年9月〜1月頭**まで映画『ナイトメアー・ビフォア・クリスマス』をモチーフにした限定バージョンで運営し、2022年度はスタンバイパス（P28）の対象になりました。

⚠ パレード公演中はホーンテッドマンション前が行き止まりになるため、混雑日は一時案内中止になることも！

乗り物	混雑度 C
こども向け ☆☆☆☆☆	こどもが怖がる要素 暗速高落
絶叫度 □□□□□	

利用制限
⚠ ▶ なし　⚠ ▶ なし

待ち時間

	平日	混む平日	土日	激混み
9:00	13	5	5	10
9:30	15	25	25	30
10:30	15	25	40	50
11:30	15	25	25	35
12:30	13	20	35	35
13:30	13	35	35	45
14:30	15	30	30	45
15:30	15	25	30	45
16:30	15	20	45	45
17:30	13	15	25	30
18:30	13	10	20	25
19:30	5	5	10	20
20:30	5	5	5	15

パレード出発点

♪ パレード

ワールドバザール
アドベンチャーランド
ウエスタンランド
クリッターカントリー
ファンタジーランド
トゥーンタウン
トゥモローランド

女王に追われる白雪姫の視点だからTDLで最恐!

⑰ 白雪姫と七人のこびと

怖〜い魔女が至るところに登場

ライドに乗って映画『白雪姫』の物語を体験。TDLでもっとも怖いと言われ、出てきたゲストの顔が引きつるほど。その理由は女王に追われる白雪姫の視点での体験だから。怖がりのこどもは絶対避けましょう!

乗り物	混雑度 D
こども向き ☆☆☆☆☆	
こどもが怖がる要素 暗 混 高 落	
絶叫度 □□□□□	
利用制限 なし なし	

待ち時間	平日	混む平日	土日	激混み
9:00	5	5	10	20
9:30	5	10	15	15
10:30	10	10	20	25
11:30	10	10	15	15
12:30	10	15	20	25
13:30	10	15	20	25
14:30	10	15	20	25
15:30	10	15	15	30
16:30	10	15	15	20
17:30	5	10	15	25
18:30	5	10	15	25
19:30	5	5	10	15
20:30	5	5	5	5

待ち時間が長いダンボを狙うならファミリーが減る夜!

⑱ 空飛ぶダンボ

回転率が低いため、常に待ち時間が長い!

ダンボの背中に乗って、ぐるぐると空中を飛ぶライド。座席のボタンで高さを調節でき、地上4mまで上昇します。パレードルートのすぐ脇にあり、パレード(P59)の時は、目線がフロート上のキャラクターと同じ高さになります。

乗り物	混雑度 C
こども向き ☆☆☆☆☆	
こどもが怖がる要素 暗 速 高 落	
絶叫度 □□□□□	
利用制限 なし	

待ち時間	平日	混む平日	土日	激混み
9:00	5	20	25	30
9:30	10	25	35	45
10:30	25	30	30	40
11:30	20	30	35	35
12:30	20	30	35	40
13:30	20	30	40	40
14:30	20	30	40	40
15:30	20	30	35	40
16:30	15	30	35	40
17:30	15	25	30	30
18:30	5	25	30	30
19:30	5	15	20	20
20:30	5	10	15	15

ディズニーキャラの人形を探そう!約40体もある!

⑲ イッツ・ア・スモールワールド

屋内! 体験時間も長く、混雑日も安心!

おなじみのテーマ音楽『小さな世界』にのせて、ボートで世界一周の旅をするアトラクション。2018年4月にリニューアルオープンし、ディズニーキャラの人形が登場。回転効率がとてもよいので待ち時間も20分以下の日がほとんどです。

乗り物	混雑度 D
こども向き ☆☆☆☆☆	こどもが怖がる要素 暗 速 高 落
絶叫度 □□□□□	
利用制限 なし なし	

待ち時間	平日	混む平日	土日	激混み
9:00	5	5	5	10
9:30	5	10	20	25
10:30	5	15	25	25
11:30	10	5	20	20
12:30	10	15	20	25
13:30	10	15	20	20
14:30	10	10	20	25
15:30	10	10	20	25
16:30	10	15	15	25
17:30	5	10	10	20
18:30	5	10	10	20
19:30	5	5	5	15
20:30	5	5	5	10

海外パークでは見られない! 東京限定のレアキャラクター

エルサ／アナ／オラフ／ヌクヌマ／メリダ／ラプンツェル／パスカル／ペガサス／ヘラクレス／モアナ／プア／ヘイ ヘイ

メリダとおそろしの森／塔の上のラプンツェル／ヘラクレス／モアナと伝説の海

世界のどのエリアにも登場するものは「太陽」と「月」!

ワールドバザール

アドベンチャーランド

ウエスタンランド

クリッターカントリー

ファンタジーランド

トゥーンタウン

トゥモローランド

47

Tokyo Disneyland

アトラクションの裏技

ワールドバザール
アドベンチャーランド
ウエスタンランド
クリッターカントリー
ファンタジーランド
トゥーンタウン
トゥモローランド

シンデレラ城内のある絵には魔法の光が現れる!

㉚ シンデレラのフェアリーテイル・ホール

城内のステンドグラスから景色も楽しめる

シンデレラ城内で映画『シンデレラ』の名場面を再現したアート作品の展示が見られるウォークスルータイプのアトラクション。最後の大広間にはガラスの靴、フラッシュ撮影すると魔法の光が現れる絵画、シンデレラの玉座があります。

		待ち時間			
		平日	混む平日	土日	激混み
ウォークスルー 混雑度 E	9:00				
	9:30	案内開始前	案内開始前	案内開始前	案内開始前
こども向き ☆☆☆☆☆	10:30	5	10	10	10
	11:30	5	10	10	10
こどもが怖がる要素 暗速高落	12:30	5	5	10	10
	13:30	5	10	15	20
絶叫度 □□□□□	14:30	5	5	5	10
	15:30	5	5	10	20
利用制限	16:30	5	10	15	25
	17:30	5	10	15	15
なし	18:30	5	5	5	15
! なし	19:30	5	5	5	5
	20:30	5	5	5	5

ディズニー映画の名曲全12曲がカルーセルで流れる

㉑ キャッスルカルーセル

TDLの中ではもっとも空いている部類

白馬のメリーゴーランドで、音楽はディズニー映画の名曲ばかり全12曲。夜の暖かみがあるライトアップも素敵です。**木馬は内側が小さく、外側に行くほど大きく**なります。一番外側の木馬には、こどもと大人が一緒に乗れます。

		待ち時間			
		平日	混む平日	土日	激混み
乗り物 混雑度 E	9:00	5	5	5	5
	9:30	5	5	10	10
こども向き ☆☆☆☆☆	10:30	10	15	20	25
	11:30	5	15	15	15
こどもが怖がる要素 暗速高落	12:30	5	15	15	25
	13:30	10	15	15	15
絶叫度 □□□□□	14:30	5	10	10	10
	15:30	5	15	15	25
利用制限	16:30	5	15	15	20
	17:30	5	10	15	20
なし	18:30	5	15	15	15
! なし	19:30	5	5	5	15
	20:30	5	5	5	5

1分間に最高40回転の絶叫ライドにもなる?!

㉒ アリスのティーパーティー

空いているが、待ち時間の増減が激しい

映画『ふしぎの国のアリス』でのマッドハッターと3月うさぎのティーパーティーをモチーフにしたコーヒーカップ型アトラクション。小さくなったアリスのようにカップに乗り込み、ハンドルを回すと1分間に最高40回転します!

		待ち時間			
		平日	混む平日	土日	激混み
乗り物 混雑度 E	9:00	5	5	5	5
	9:30	5	5	5	5
こども向き ☆☆☆☆☆	10:30	5	10	10	15
	11:30	5	10	10	15
こどもが怖がる要素 暗速高落	12:30	5	5	10	15
	13:30	5	10	10	15
絶叫度 □□□□□	14:30	5	5	5	10
	15:30	5	5	10	15
利用制限	16:30	5	5	10	15
	17:30	5	5	5	10
なし	18:30	5	5	5	10
! なし	19:30	5	5	5	5
	20:30	5	5	5	5

ピノキオのストーリーは隣の壁の絵からスタート

㉔ ピノキオの冒険旅行

映画のキャラが総出演!

映画『ピノキオ』のシーンを体験できる、ファミリーで楽しめるアトラクション。施設の周囲に**ピノキオやファウルフェロー&ギデオンの像**があり、物語は隣のレストルームの壁の絵からスタートし、入口につながっています。

		待ち時間			
		平日	混む平日	土日	激混み
乗り物 混雑度 E	9:00	5	5	5	5
	9:30	5	5	10	15
こども向き ☆☆☆☆☆	10:30	5	10	15	20
	11:30	5	10	15	15
こどもが怖がる要素 暗速高落	12:30	5	10	10	20
	13:30	10	10	15	15
絶叫度 □□□□□	14:30	5	10	10	15
	15:30	5	10	15	20
利用制限	16:30	10	15	15	20
	17:30	5	15	15	20
なし	18:30	5	10	10	20
! なし	19:30	5	5	5	5
	20:30	5	5	5	5

レアな待ち時間の8分、14分、82分に出会えたらラッキー!

面白いはちみつ大砲に当たるのは、乗り場で前から1・3番目のハニーポット!

プーさんとはちみつ探しの旅をするアトラクション。ゲストが乗り込むハニーポットは3台1編成。レールがなく、途中でバラバラのコースを動き、**それぞれ体験できるシーンが違います**。目の前で煙が発射されるはちみつ大砲に当たるのは、乗り場で前から1・3番目のハニーポット。こどもに人気があり、開園直後は一気に待ち時間が長くなる傾向があります。午前中をピークに、次第に空いていき、とくに19時以降はファミリー客が減って待ち時間が激減します。

乗り物	混雑度 B
こども向き ☆☆☆☆☆	こどもが怖がる要素 暗 連 高 暗
絶叫度 □□□□□	
利用制限	なし / なし

待ち時間

	平日	混む平日	土日	激混み
9:00	30	45	60	65
9:30	30	50	65	65
10:30	25	35	55	55
11:30	25	35	35	50
12:30	30	35	45	60
13:30	30	40	45	60
14:30	25	35	40	50
15:30	25	35	35	50
16:30	25	35	45	60
17:30	14	35	35	40
18:30	15	25	30	40
19:30	8	20	20	35
20:30	8	20	20	30

マル秘情報 ㊙ アトラクション名の英訳を見て!

《プーさんのハニーハント》は、英語だと《Pooh's Hunny Hunt》。実は、**少年クリストファー・ロビンが「Honey」のスペルミスをしたものがそのまま使われているんです!** ゲストが乗り込むハニーポットにも間違って書かれた文字があるのでお見逃しなく!

あるシーンでは本当にハチミツの香りがする!

レアな待ち時間は語呂合わせ!
8=ハチ 14=イーヨー 82=ハニー

ビレッジ ペイストリー

サクサクのパイ「ティポトルタ」を販売

① ホーンテッドマンション前でパレードを見てから②か③まで来ると、もう一度パレードが見られる!

甘い香りが漂うハニー味のポップコーンがアトラクション前に!

シンデレラ城

ワールドバザール
アドベンチャーランド
ウエスタンランド
クリッターカントリー
ファンタジーランド
トゥーンタウン
トゥモローランド

トゥーンタウンの公園には ミッキーの彫刻作品が並ぶ

㉖ トゥーンパーク

こどもたちの遊び場として人気!

ミッキーが作った動物や不思議な形の彫刻が全部で12点並んでいる公園。地面や彫刻は**ゴムのようなやわらか素材**でできています。公園の外周に沿ってベンチが設置されており、混雑日でも座れるほど充実。休憩場所としても最適!

> 待ち時間などはなく
> 自由に出入りして遊べる! ♪

その他	混雑度 **F**	利用制限
こども向き ☆☆☆☆☆	こどもが怖がる要素 暗 速 高 落	▶なし
絶叫度 ☐☐☐☐☐		! ▶なし

ドナルドの船内の展望鏡では 短編映画が見られる!

㉗ ドナルドのボート

船首にデイジー像があるミス・デイジー号

トゥーンレイクに浮かぶドナルドの船の家で遊べる施設。**船内は2階建て**で、2階デッキから景色を一望できます。操舵室では汽笛が鳴らせ、ドナルドの短編映画が見られる展望鏡、2階から1階に降りる滑り台も。待ち時間は無し。

> ここでドナルドに
> 会えるわけではないので注意!

ウォークスルー	混雑度 **F**	利用制限
こども向き ☆☆☆☆☆	こどもが怖がる要素 暗 速 高 落	▶なし
絶叫度 ☐☐☐☐☐		! ▶なし

ガジェットのコースターの材料は すべて廃棄物!?

㉘ ガジェットのゴーコースター

ガジェットのリサイクル作品が満載!

天才発明家ガジェットがドングリをくりぬいて作ったといういわれの小型のコースターで、部品はすべて廃棄物のリサイクル! 所要時間が約1分と短く、**身長制限を超えたこどもが初めて乗るジェットコースターには最適**。こどもに人気で、ファミリーが多い休日ほど待ち時間が延びます。

大人が乗ると上半身が出るので想像以上にスリリング!

乗り物	混雑度 **D**
こども向き ☆☆☆☆☆	こどもが怖がる要素 暗 **速** 高 **落**
絶叫度 ☐■☐☐☐	

利用制限

90cm未満不可 | ! ▶体調制限 妊娠中不可

待ち時間

	平日	混む平日	土日	激混み
9:00	5	5	10	15
9:30	5	10	15	20
10:30	5	15	25	25
11:30	5	10	20	25
12:30	5	10	15	20
13:30	5	10	20	25
14:30	5	10	20	25
15:30	5	15	25	30
16:30	5	15	25	25
17:30	5	15	15	15
18:30	5	10	10	10
19:30	5	5	10	10
20:30	5	5	5	5

ワールドバザール
アドベンチャーランド
ウエスタンランド
クリッターカントリー
ファンタジーランド
トゥーンタウン
トゥモローランド

チップ&デールのドングリバター製造機からはバターを作る音が!

㉙ チップとデールのツリーハウス

ドングリが大好物なシマリスたちの家!

　ドングリが実るカシの木に造られたチップとデールの家を見学できる施設。木に実ったドングリを運ぶ機械や、レバーを引いたりボタンを押したりするとバターを作る音が聞こえるドングリバター製造機があります。待ち時間はなし。

ここでチップとデールに会えるわけではないので注意!

ウォークスルー	混雑度 **F**	利用制限
こども向き ☆☆☆☆☆	こどもが怖がる要素 暗 速 高 暗	なし
絶叫度 □□□□□		! なし

井戸にコインを入れるとミニーのメッセージが聞ける!

㉚ ミニーの家

ミッキーからの伝言入り留守番電話も!

　ミニーが暮らしている家を見学できる施設。**瞳にハートマークが映る鏡がある**ドレッシングルームなど、キュートなミニーらしい仕掛けがいっぱい。庭にある井戸にコインを投げ入れるとミニーからのメッセージが聞けます。

休日は10〜20分待ちになることも!

ウォークスルー	混雑度 **E**	利用制限
こども向き ☆☆☆☆☆	こどもが怖がる要素 暗 速 高 暗	なし
絶叫度 □□□□□		! なし

トゥーンタウンはじつは意外なインスタ映えスポット!

㉛ ダウンタウン・トゥーンタウン

こどもが喜ぶ仕掛けとギャグが満載

　トゥーンタウンに入って左手奥にある商工業地区は、面白い仕掛けがたくさんあります。踏むとしゃべるマンホール、起爆装置を押すと大爆発を起こす花火工場、ドアノブを回すと感電する扉など、最近はインスタ映えスポットとして若者に人気で、行列ができることも。

仕掛けがいっぱいのギャグとユーモアの溢れる商工業地区

20トンのバーベルで記念撮影できる

ミッキーたちのメッセージが聞ける

郵便局の私書箱

マンホール

警察無線のダジャレが聞ける

ポリスホーン

踏むとしゃべる

ジム

ひっぱる

起爆装置

起爆装置を押すと大爆発!

花火工場

開けるとしゃべる

郵便ポスト

キャラクターグリーティングできる可能性も高いエリア!

ワールドバザール

アドベンチャーランド

ウエスタンランド

クリッターカントリー

ファンタジーランド

トゥーンタウン

トゥモローランド

ワールド
バザール

アドベンチャー
ランド

ウエスタン
ランド

クリッター
カントリー

ファンタジー
ランド

トゥーン
タウン

トゥモロー
ランド

部屋の模様替えは全部で5種類！ペンキで豪快に！

㉜ グーフィーのペイント＆プレイハウス

ギャグ満載のグーフィーの庭にも注目！

3タイプのペンキ噴射装置を使って、シューティング感覚でグーフィーの部屋を模様替えします。完成する部屋はジャングル風、ビーチ風などさまざま。こども向けなので、待ち時間が減る夜が狙い目。

その他	混雑度 E	待ち時間				
			平日	混む平日	土日	激混み
こども向け ★★★★☆		9:00	5	5	5	5
		9:30	5	5	5	15
		10:30	5	5	15	15
		11:30	5	5	10	10
こどもが怖がる要素 暗混高落		12:30	5	15	10	10
		13:30	5	10	15	15
絶叫度 ☐☐☐☐☐		14:30	5	5	10	15
		15:30	5	10	15	15
利用制限		16:30	5	5	10	10
		17:30	5	5	5	10
▶なし		18:30	5	5	5	5
！▶なし		19:30	5	5	5	5
		20:30	5	5	5	5

映画『ロジャー・ラビット』を見ると2倍楽しめる！

㉝ ロジャーラビットのカートゥーンスピン

意外と知られていない原作を見よう！

悪イタチが抹殺を企むロジャーラビットを追って、〈トゥーンタウン〉の車＝キャブでドライブをするアトラクション。キャブのハンドルは固く重いですが、大人が思いきり回すとキャブもぐるぐると回り、**コーヒーカップのような感覚**。

乗り物	混雑度 D	待ち時間				
			平日	混む平日	土日	激混み
こども向け ★★★☆☆		9:00	5	5	15	15
		9:30	5	5	25	30
		10:30	5	15	25	25
		11:30	5	25	25	30
こどもが怖がる要素 暗混高落		12:30	5	30	30	35
		13:30	10	25	25	35
絶叫度 ☐☐☐☐☐		14:30	10	20	20	20
		15:30	15	25	25	35
利用制限		16:30	15	25	30	35
		17:30	5	20	25	35
▶なし		18:30	5	20	20	25
！▶なし		19:30	5	5	10	15
		20:30	5	5	5	5

スティッチに指名されやすいのは通路側！

㉞ スティッチ・エンカウンター

強制指名でイジられ必至の爆笑アトラク！

いたずら好きのスティッチと指名されたゲストとの面白いやり取りが楽しめるアトラクション。**ゲストとの会話はアドリブ**なので、毎回爆笑体験になること間違いなし！こどもも大人も楽しめるアトラクションです。収容人数が多いため、混雑日でも待つことはほぼありません。

最初に指名された人はアトラクション出口で写真が表示される！

ショー	混雑度 F	待ち時間				
			平日	混む平日	土日	激混み
こども向け ★☆☆☆☆	こどもが怖がる要素 暗混高落	9:00				
		9:30	案内開始前	案内開始前	案内開始前	案内開始前
		10:30	15	15	15	15
		11:30	15	15	15	15
絶叫度 ☐☐☐☐☐		12:30	15	15	15	15
		13:30	15	15	15	15
		14:30	15	15	15	15
		15:30	15	15	15	15
		16:30	15	15	15	15
利用制限		17:30	15	15	15	15
		18:30	15	15	15	15
▶なし	！▶なし	19:30	15	15	15	15
		20:30	案内終了	案内終了	案内終了	案内終了

バズは夜に待ち時間が一気に減る！19時以降を狙おう！

㉟ バズ・ライトイヤーのアストロブラスター

こどもに人気が高い分、夜は急に空く！

スペースレンジャーとなって、宇宙でバズとともに悪の帝王ザーグと戦いながらスコアを競うシューティングゲーム。ゲストが乗り込む2人乗りのスペースクルーザーは中央のスティックで向きを変更できます。あらかじめ2人のうちどちらが操作するか決めましょう。アストロブラスター中央の緑の部分の凸と凹と的の中心を合わせて引き金を引くのがコツで、命中すれば的が光り、アストロブラスターも振動します。**1万点の逆三角形的と、5千点のひし形的は逃さないように！**

待ち時間

	平日	混む平日	土日	激混み
9:00	5	10	35	40
9:30	5	20	40	40
10:30	5	25	35	40
11:30	5	20	30	35
12:30	5	20	35	35
13:30	10	25	35	35
14:30	10	25	35	35
15:30	10	20	30	40
16:30	10	15	30	40
17:30	10	10	30	35
18:30	5	10	20	35
19:30	5	5	10	30
20:30	5	5	10	15

乗り物	混雑度 C

こども向き ☆☆☆☆☆	こどもが怖がる要素 暗 速 高 音

絶叫度 □□□□□

利用制限　なし　！＝なし

マル秘情報

㊙ 簡単に999,999が出るバージョンを開催！

《トイ・ストーリー・ホテル》（P16）オープンに併せ、2022年4〜8月にスペシャルバージョン"アストロ・ヒーロータイム！"が開催されました。特定の100点的を撃つと膨大な得点が入り、簡単に最高スコア999,999のアストロ・ヒーローになれる仕掛け。その爽快感は病みつき！

パレードルートに近いためパレード直後は待ち時間が一気に延びる！

夜までいられないファミリーが殺到する開園直後は避ける！

的は4種類！

100点　1000点　5000点　10000点

真ん中のレバーでライドの向きが変えられる！

「ひし形」と「三角」を最優先で狙おう！

Point

当て方・狙い方

アストロブラスター（銃）の緑V字のくぼみを的の中心の黒い点に合わせる！

的の中心の黒い点

緑V字のくぼみ

目

命中すると的が光って得点が入るよ！

最後、ザーグとの対決エリアはザーグ側を向きがちだけど、逆側を向くと狙いやすい場所に隠し10000点的がある！

アトラクションの裏技

ワールドバザール
アドベンチャーランド
ウエスタンランド
クリッターカントリー
ファンタジーランド
トゥーンタウン
トゥモローランド

スペースは左側の席のほうが
遠心力でスリル大！

㊱ スペース・マウンテン

真っ暗な宇宙で、進行方向が予測不能！

ロケットで宇宙空間を疾走するコースター。屋内のアトラクションなので、雨の日は待ち時間が長くなりがちです。また、夜になってもなかなか待ち時間が減らない傾向があり、閉園間際は他のアトラクションを狙うほうが効率的。**TDLの3大**

マウンテンの中でもっともスリルがある絶叫系コースターなので、若者に人気。毎年1〜3月は入試休みや春休みの学生でとくに混雑し、学校が休校となる県民の日などでも突出して長い待ち時間になります。

乗り物	混雑度 B
こども向き ☆☆☆☆☆	こどもが怖がる要素 暗 速 高 落
絶叫度 ▢▢▢▢▢	
利用制限 102cm未満不可 体調・体格制限 妊娠中・高齢者不可	

待ち時間

	平日	混む平日	土日	激混み
9:00	25	30	40	50
9:30	30	35	45	50
10:30	30	45	50	60
11:30	35	50	55	65
12:30	30	40	45	55
13:30	25	40	45	55
14:30	30	50	50	60
15:30	25	40	50	50
16:30	20	45	50	60
17:30	20	45	50	60
18:30	25	50	60	70
19:30	25	30	40	50
20:30	20	25	25	案内終了

㊙マル秘情報 周辺丸ごと建て直し！2027年オープン

現在の《スペース・マウンテン》は、2024年にクローズ・解体され、建て直されて周辺環境も一新されることが決定しています。現行バージョンに乗れるのも、あと約2年。その後は3年の工事期間を経て、2027年に再オープン予定。乗りおさめ＆撮りおさめをお忘れなく！

右旋回多し！外側になる左の席のほうが遠心力がかかる！

夜のライトアップは幻想的で、外観はフォトスポットとしても人気！雨の日は反射でさらにキレイに！

大人気！トレジャーコメットのカプセルトイ

周辺にはMr.＆Mrs.インクレディブル、グリーンアーミーメン、スティッチなどのキャラがしばしば出没！

SPACE MOUNTAIN

自動販売機

当初54通りだったストーリーが現在は400通り以上！

③⑦ スター・ツアーズ：ザ・アドベンチャーズ・コンティニュー

運がよいと、反乱軍のスパイに選ばれる！

3D映像と映像に連動して動くライドで『スター・ウォーズ』の世界を体験できるアトラクション。**ゲストの中からランダムでスパイが選ばれ、出発時に映像の中に映し出されます！** ランダムストーリーになっていて、シリーズ続編が公開されるたびにシーンが追加。リニューアルオープンした2013年は54通りだったストーリーも、現在は400通り以上。同じシーンでもレアキャラが登場する場合もあります。待ち時間は短く、基本的に5〜15分なので、時間が空いた時に最適！

待ち時間

	平日	混む平日	土日	激混み
9:00	5	5	10	10
9:30	5	10	15	20
10:30	5	10	15	20
11:30	5	5	10	10
12:30	5	15	15	15
13:30	5	10	10	15
14:30	5	5	5	10
15:30	5	15	15	20
16:30	5	10	10	20
17:30	5	5	10	10
18:30	5	10	10	10
19:30	5	5	5	5
20:30	5	5	5	5

乗り物 ／ 混雑度 E

こども向け ☆☆☆☆☆ ／ こどもが怖がる要素 □速 □暗 □落

絶叫度 □□□□□

利用制限 102cm未満不可 ／ 体調制限 妊娠中・高齢者不可

マル秘情報 ㊙ SW映画公開時にはシーン追加＆SP ver.に

これまで『スター・ウォーズ』映画公開時は、期間限定バージョンで実施。エピソード7・8・9公開時は、それぞれのシーン追加＋そのシーンが確実に見られるバージョンに。スピンオフ映画『ハン・ソロ』公開時は、下記ストーリー表★のレアシーンが必ず見られるバージョンに。

アトラクションの裏技

ストーリーの流れ

パターンA EP1〜6

シーン① 出発 宇宙港 → ダース・ベイダー or 探査ドロイド＆帝国軍

シーン② 1つ目の惑星 → ★EP5 ホス or ★EP1 タトゥーイン or ★EP3 キャッシーク

シーン③ ホログラム通信 → ヨーダ or レイア・オーガナ or アクバー提督

シーン④ 2つ目の惑星 → ★EP1 ナブー or ★EP2 コルサント or EP2 ジオノーシス

シーン⑤ 到着

パターンB EP7〜9

カイロ・レン or 探査ドロイド＆ファースト・オーダー

★EP7 ジャクー or EP9 ケフ・バー

BB-8 or ポー・ダメロン or マズ・カナタ or ランド・カルリジアン

EP8 クレイト or EP9 エクセゴル

バトゥー or スペースポート

乗り場までの通路でドロイドが手荷物検査中！

ミッキーのソーサラーハットやチップとデール、ウォーリーなどが見られることも！

★はレアパターンが存在する　例）出発、ダースベイダーのシーンには、まれにボバ・フェットが登場する

ワールドバザール／アドベンチャーランド／ウエスタンランド／クリッターカントリー／ファンタジーランド／トゥーンタウン／トゥモローランド

TOKYO Disneyland

アトラクションの裏技／グリーティングの裏技

ワールド
バザール

アドベンチャー
ランド

ウエスタン
ランド

クリッター
カントリー

ファンタジー
ランド

トゥーン
タウン

トゥモロー
ランド

モンスターズ・インクのモンスターには パークオリジナルも!

㊳ モンスターズ・インク "ライド&ゴーシーク!"

TDL限定オレンジ色の毛が特徴のロッキーも登場

映画『モンスターズ・インク』の世界でかくれんぼゲームに参加。ヘルメットにライトを当てると、モンスターが姿を見せます。**降車後の出口と併設ショップ内では、アトラクション内で撮影された写真がモニターに映し出される**のでお見逃しなく! エントランスに近いため、閉園間際でも待ち時間は長め。

ベビーセンター

ベビーセンターがすぐそばに!小さい子のトイレはここ

	乗り物		混雑度 Ⓑ
こども向き ☆☆☆☆☆		こどもが怖がる要素
絶叫度 ▢▢▢▢▢		
利用制限	なし	なし

待ち時間

	平日	混む平日	土日	激混み
9:00	10	30	35	50
9:30	15	25	45	45
10:30	15	25	45	50
11:30	10	15	25	40
12:30	10	20	35	35
13:30	15	30	35	35
14:30	15	30	40	45
15:30	15	25	40	45
16:30	25	25	45	50
17:30	15	20	30	45
18:30	10	20	25	30
19:30	5	20	20	30
20:30	5	10	20	35

キャラに会いたい人必見! ここで会える! TDLグリーティングマップ

TDLでは、**並べば確実にキャラに会える**グリーティングを5カ所で実施しています。ほかにも、パーク内で**突発的に現れたキャラに会える**ことがありますが、キャラがよく出没するのがマップの★の場所。この近くを通るときは、キャラがいないかあたりを見渡してみよう!

1 プラザパビリオン・バンドスタンド前

登場キャラクター

オーロラ姫、フィリップ王子、ラプンツェル、フリン・ライダー、メリー・ポピンズ、バート、ベル

などが、ランダムで登場

屋根のない場所なので雨だと中止に!

混雑度 Ⓓ

待ち時間

	平日	混む平日	土日	激混み
9:00				
9:30	案内開始前	案内開始前	案内開始前	案内開始前
10:30	20	20	30	30
11:30	15	15	20	20
12:30	15	15	25	20
13:30	15	15	15	15
14:30	-	-	-	-
15:30	20	25	25	30
16:30	15	15	20	25
17:30	案内終了	案内終了	案内終了	案内終了
18:30				
19:30				
20:30				

✌ ② ウッドチャック・グリーティングトレイル

登場キャラクター

ドナルド、デイジー

ランダムでどちらかに会える

混雑度 C	待ち時間			
	平日	混む平日	土日	激混み
9:00				
9:30	案内開始前	案内開始前	案内開始前	案内開始前
10:30	30	40	40	45
11:30	15	25	25	25
12:30	25	40	50	50
13:30	25	35	40	40
14:30	25	25	45	50
15:30	45	45	50	60
16:30	30	40	45	45
17:30	20	20	30	40
18:30	案内終了	案内終了	案内終了	案内終了
19:30				
20:30				

🖐 ③ ミッキーの家とミート・ミッキー

登場キャラクター

ミッキー

混雑度 A	待ち時間			
	平日	混む平日	土日	激混み
9:00	80	80	90	120
9:30	60	75	80	105
10:30	30	45	50	65
11:30	30	45	50	60
12:30	40	50	70	75
13:30	40	45	55	55
14:30	50	50	65	65
15:30	50	50	70	70
16:30	60	60	70	75
17:30	45	45	65	75
18:30	30	35	55	70
19:30	30	30	45	50
20:30	案内終了	案内終了	案内終了	案内終了

コスチュームは4種類！ランダムでどれかひとつに会える！

ロジャーラビットの
カートゥーンスピン前 ★
ミッキー＆フレンズなど

★ スプラッシュ・マウンテン
出口周辺
チップ、デール、ブレア・ラビットなど

ミニーのスタイルスタジオ
待ち時間等はP14参照

✌ ②

カントリーベア・ ★
シアター前
ウッディ・ジェシーなど

シンデレラ城裏
プリンス・プリンセスなど

スペース・マウンテン横 ★
スティッチ、エンジェルなど

🖐 ①
★

✌ ④ メインストリート・ハウス前

抽選制（エントリー受付）

魅惑のチキルーム前
ホセ、パンチート、キング・ルーイ、バルーなど

🖐 ④
★

登場キャラクター

ミッキー、ミニー

ランダムでどちらかに会える

メインエントランス
アドベンチャーランド
ウエスタンランド
クリッターカントリー
ファンタジーランド
トゥーンタウン
トゥモローランド

ディズニーに来たら、ぜひ見たい！
TDLのレギュラーショー&パレード8種

新パレード切替のため2023年4月9日終了

③ ドリーミング・アップ！

12台のフロートに50以上のキャラが出演するお昼のパレード。ふわふわした浮遊感が特徴。徒歩のキャラも多いため、座り見の最前列が◎。

一度は見たい！ TDL 定番パレード

④ 東京ディズニーランド・エレクトリカルパレード・ドリームライツ

TDLの夜の定番"光と音のパレード"。混雑日も1時間前に待機すればよい場所で鑑賞可能。鑑賞エリアにロープが張られない**「プラザ」がオススメ**。

雨の日限定のレアなパレード

⑤ ナイトフォール・グロウ

《TDL・エレクトリカルパレード・ドリームライツ》が中止の場合に、代わりに公演される**雨の日限定のレアなパレード**。他のパレードとは**走行ルートが逆**になっていることに注意。

抽選制　2021年4月スタートの新ショー！

N6 ミッキーの
マジカルミュージックワールド

ミッキーたちがディズニー映画の音楽の世界を旅するショー。総勢31キャラが出演し、豪華な舞台装置&演出で感動間違いなし！

抽選制　"カッコイイ"が詰まった激アツなショー！

⑥ クラブマウスビート

クラブを舞台にミッキーたちがヒップホップやラテン、ポップスなどの歌とダンスを繰り広げるライブショー。シビれるかっこよさ！『カーズ』のマックィーンも登場！

抽選制　大人もハマる！ 人気ショー

② ジャンボリミッキー！
レッツ・ダンス！

シアターオーリンズで、《レッツ・パーティグラ！》に代わって公演されているキッズショー。ダンスが魅力的で、大人までも病みつきになる人続出！

花火

⑦ ディズニー・ライト・ザ・ナイト → P61

抽選制　2020年以降休止中

① レッツ・パーティグラ！

映画『三人の騎士』のドナルド、ホセ、パンチートが主役。**客席通路にキャラがきてくれてハイタッチができる**のもうれしい！

ドリーミング・アップ！＆エレクトリカルパレード
目的別おすすめポイントはココ！

パレード後、空いてるアトラクに乗りたいとき！

パレードのスタート地点になるため、見終わった後、すぐにアトラクションに向かえば、まだ鑑賞中の人より先に乗れる！〈トゥモローランド〉に向かえばパレードを途中から再び鑑賞することも可能。

最後まで空いている！

パレード到着まで20分ほどかかるため、もっとも埋まりが遅い穴場。

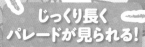

じっくり長くパレードが見られる！

こちらに向かってくるパレードを正面から見られるカーブ地点。じっくりパレードを見たいならこの2カ所がおすすめ！

最高の鑑賞場所！

パレードのバックにシンデレラ城が見えるもっとも良い鑑賞場所。埋まりが早い。

ショーの裏技

ショーの裏技

エレクトリカルパレードは密かに
リニューアルされている！④

東京ディズニーランド・
エレクトリカルパレード・ドリームライツ

大規模リニューアルは2017年
プリンセスが豪華な美しさに

TDL夜の定番パレードは、フロート（山車）のLED化が進められています。**2017年夏の4度目のリニューアル**では『シンデレラ』、『美女と野獣』、『アナと雪の女王』が登場しました。

フロート単体が予告なしに
リニューアルされることも

告知なしのリニューアルも。2019年夏には『**ふしぎの国のアリス**』が、2022年夏にはミッキー、ミニー、グーフィーが乗るフロートが新しくなりました。年々、輝きが増しています。

リニューアルで新たに登場したフロート

2022年夏にリニューアル！

ミッキーのドリームライツ・トレイン

シンデレラ

シンデレラが乗るカボチャの馬車

プリンス・チャーミングの舞踏会

美女と野獣

ルミエール

アナとエルサの氷の城にはオラフも登場！

アナと雪の女王

ベルと野獣のダンス

ゼッタイ抽選したい！
TDL初の屋内シアター
31キャラの豪華ショー

N6 ミッキーのマジカルミュージックワールド

出演キャラクター

ミッキー／ミニー／ドナルド／グーフィー／
白雪姫／ピノキオ／ジミニー・クリケット／
ウッディ／ルミエール／ベル／アリス／
マッドハッター／メリー・ポピンズ／
キング・ルーイ／バルー／モンキー／ティモン／
シンデレラ／ジャスミン／ラプンツェル／
プーさん／エルサ／ジュディ／アースラ／
フック船長／スミー／ピーター・パン／デイジー／
チップ／デール／プルート

キャラも演出も超豪華！
見ごたえ抜群の神ショー

31キャラという圧倒的な出演数に加え、大がかりな舞台装置や映像も見ごたえ抜群のショー。**よほど空いている日以外は、すべての回が抽選制（P28）**なので、まずは必ず抽選を！

子どもも大人も踊る！
盛り上がり必至！
SNSでも話題のダンス

② ジャンボリミッキー！ レッツ・ダンス！

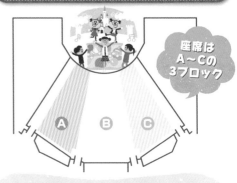

座席はA～Cの3ブロック

公式サイトでダンスの
レクチャー動画を予習しよう！

ミッキーたちと一緒に**ダンスを踊るキッズ向けプログラム**。のはずが、不思議と耳に残る音楽とダンスで、大人にも超人気！会場外でも踊り出す人続出の人気ショー！

ディズニー・ライト・ザ・ナイト
花火おすすめ鑑賞場所はココ!

打ち上げ地点

※日によって微妙に変わる

クリッターカントリーは打ち上げ場所にもっとも近いが、風下だと塵が降る可能性があり、通行止めになる場合がある

オススメ度:★☆☆☆☆

トゥーンタウンの景色とともに花火が! 見る人が少ない穴場

オススメ度:★★★☆☆

イッツ・ア・スモール・ワールドのライトアップと一緒に見られる

オススメ度:★☆☆☆☆

真上を見上げるくらいの距離。もっとも近くで花火が見られる大迫力の場所

オススメ度:★★★★☆

シンデレラ城脇に花火があがる。もっとも綺麗に見える場所

オススメ度:★★☆☆☆

打ち上げ場所に近く電灯も少なく暗い。開けているので見やすく、迫力がある

花火はシンデレラ城のかなり左方向にあがる。シンデレラ城と一緒に見たい場合は、プラザの右半分から見よう

オススメ度:★★☆☆☆

ミッキーとウォルトのパートナーズ像とプラザ、シンデレラ城の景色と一緒に楽しめる

絶対食べたい！
TDL定番&持ち歩きメニュー

かぶりつく骨付き肉は2種類!

不動の人気ボリュームたっぷり!

テリヤキチキンレッグ
600円

18 スキッパーズ・ギャレー

ジャングルクルーズの元船長が、探検中に考案したメニュー。ワゴンには浮き輪やパドルなど、船にまつわる品々も!

スモークターキーレッグ
900円

24 カウボーイ・クックハウス
25 キャンプ・ウッドチャック・キッチン

かぶりついている人をよく見かけるTDL定番フード。販売場所のうち、《キャンプ・ウッドチャック・キッチン》はあまり知られておらず、空いている&屋内席もたくさんある穴場。

こどもも食べやすい大きさでトロトロの甘口!

パークの定番!

チュロス
450円

シナモン
10 パークサイドワゴン
21 ペコスビル・カフェ
39 トゥモローランド・テラス

アップルキャラメル
N2 ラ・タベルヌ・ド・ガストン
500円
N3 ル・フウズ

パークのチュロスは、断面が星型の「チュロス」と、ミッキー型の「ミッキーチュロス」があります。星型のほうがサクサク感が強く、おいしいです。

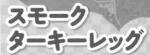

TDL初の新ポップコーン

BBポップコーン
500円

N7 ビッグポップ

普通より大きい・味が濃い・香りも強い、3拍子揃った高級ポップコーン。キャラメル&チーズ、ストロベリーミルク、クッキークリームの3種類がある。TDLでもここでしか買えない限定メニュー。

ストロベリーミルク

キャラメル&チーズ

クッキークリーム

通は知る絶品スイーツ
400円

ティポトルタ

33 ビレッジペイストリー

ハロウィーン期間には紫イモなど、イベント期間限定の味が登場することも!

熱々&サクサクでスティック型チョコレートとスウィートポテト味

380円

エッグ&シュリンプとピザの2種類熱々だから気をつけて!

TDL名物春巻き!

スプリングロール

36 ヒューイ・デューイ・ルーイのグッドタイム・カフェ

ミッキーが描かれたかわいいパッケージにも注目!

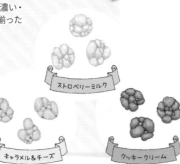

ここが混んでたらどこも混んでる！
TDLの空いてるレストラン

1位 ヒューイ・デューイ・ルーイ のグッドタイム・カフェ `36`

座席数は多くありませんが、目立たないので空いています。屋外ですが、大部分の席に屋根が付いていて、雨でも安心。

奥地の410席

ミッキーの形のピザ！

ミッキーの手の形のサンド!!

2位 トゥモローランド・ テラス `39`

TDL、TDSの全レストランで席数が1000を超えるのはここだけ。ぶっちぎりの広さと席数を誇る店です。

圧倒的1540席

テラス席からはパレードを間近に見ることができる

テラス席は入口を入って右です

入口

入口

テラス席

3位 プラザパビリオン・ レストラン `22`

パレードルート沿いの目立たない場所で空いています。ただし、屋外席がほとんどなので、雨の日はオススメできません。

穴場の390席

パレードのフロートは木が多くて見えにくい

36

26

39

23

22

8

40

4

4位 グランマ・サラの キッチン `26`

屋内の480席
外まで列ができることがありますが、それはレジ周辺のスペースが狭いからで、進みは速いです。屋内席で安心。

5位 ハングリーベア・ レストラン `23`

席数多い680席
TDLで座席数4位の定番店。列ができて購入まで時間がかかることがありますが、席・テーブルの確保は容易。

4位 グランマ・サラの キッチン `26`

セット2000円以下
期間限定セットメニューは2000円以下程度とお得。レギュラーメニューもボリューム多めでオススメできます。

5位 クリスタルパレス・ レストラン `8`

食べ放題4500円
TDL唯一のブッフェ。大食いの人には最高のコスパです。75分の時間制限あり。事前予約（P108）がオススメ。

1位 ハングリーベア・ レストラン `23`

お手軽メニューと言えばカレー。900円〜あり、TDLでは最高のコスパ。ラージサイズは男性でも満足感十分。

カレー 900円〜

2位 プラズマ・レイズ・ ダイナー `40`

ライスボウルは単品1160円で、見た目以上のボリューム。席数はTDLで2番目に多い約930席ですが、かなり混雑するのが難点。

ライスボウル 1160円

※容器変更

3位 スウィートハート・ カフェ `4`

300円前後のパンと450円前後のサンドウィッチを販売。パレード待ちで安く食事を済ませたいときに最適。

パン 250円〜

高いパーク飯を避ける！
コスパで選ぶレストラン

写真映え抜群の
キャラクターメニュー!

流行りの映えドリンクも続々登場!

パークでも**期間限定メニュー**で、最近流行りの映えドリンクが数多く登場しています。各イベント期間に5種類前後のドリンクが販売されるほか、夏にはBIGサイズのドリンクも登場。 暑い時期にぴったりの冷たいドリンクを求めて、行列ができるほど超人気に!

グローブシェイプ・チキンパオ

TDLにはチキンパオ、エッグチキンパオ、エビカツパオの3種類が販売されていますが、チキンパオがダントツのおいしさ! パレード待ちなどでの持ち歩きフードとしても活躍する人気メニュー。シュリンプサラダとフルーツ付き。

40 プラズマ・レイズ・ダイナー

880円

ジューシーでサクサクなチキンをミッキーのグローブ型パオでサンド!

ミッキーワッフル

7 グレートアメリカン・ワッフルカンパニー

よく行列ができるTDLの人気フード! 写真映えするだけでなく、サクサクとした食感とすごいボリュームの高コスパメニュー。紙パッケージに入れてくれるので、気軽に食べ歩きできる!

600円

ミッキーの顔そのまま!巨大でサックサクなワッフル

『モンスターズ・インク』のマイクの顔がそのままパンに!

マイクメロンパン

300円

4 スウィートハート・カフェ

同じ店には、ミッキーシェイプのデニッシュやマフィン、プルートが好きな骨をイメージしたライスブレッドなど、ディズニーならではの形のパンがたくさん。どれも持ち歩きできて、写真映えも抜群!

中にはしっとり甘いストロベリークリームが!

リトルグリーンまん

400円

42 パン・ギャラクティック・ピザ・ポートなど

見た目のかわいさは抜群! 映画にも登場したクレーンゲーム型のスーベニアケースを付けることもできます。

ひんやり食感のもちまんじゅう!中身はカスタード、ストロベリー、チョコレート

ミッキーカステラケーキ（ストロベリー）

400円

29 キャプテンフックス・ギャレー

36 ヒューイ・デューイ・ルーイのグッドタイム・カフェ

クリームが入ったふわふわのカステラケーキ。大きなミッキーの顔の形をしていてキュート! しっとり甘いストロベリークリームがおいしい、子どもに大人気のメニュー!

追加料金なしで
パレードも見られるレストラン

停止中のパレードも見られる！

㊵ プラズマ・レイズ・ダイナー ★★★★★ オススメ度

テラス席はパレードルートに近く、見やすさバツグン。座席数も豊富で穴場のスポットです。イベント期間の停止があるパレードなら、その様子も見られる！

㉒ プラザパビリオン・レストラン オススメ度 ★★☆☆☆
㉙ キャプテンフックス・ギャレー

木々の隙間から見る形になり見にくい。食事のついでに見えてラッキーという程度。

橋を渡るパレードが見やすい

㊴ トゥモローランド・テラス ★★★★☆ オススメ度

テラス席からはパレードを間近に見ることができる

入口

テラス席は入口を入って右です

テラス席

入口

距離はやや遠いですが、プラザから〈トゥモローランド〉に向かう橋の上を進むパレードを、障害物にさえぎられることなく鑑賞でき、オススメです。

⑧ クリスタルパレス・レストラン オススメ度 ★☆☆☆☆

室内から窓越しに、木々の隙間からのぞく形になり見にくい。席も自分では決められず、窓際の席に着ける保障もなし。

TDLでデートに使いたい
雰囲気抜群のレストラン

⑫ ブルーバイユー・レストラン

《カリブの海賊》から見える

アトラクション《カリブの海賊》（P41）に乗るとすぐ右側に見える、あのレストラン。知っているけど、入ったことがない率No.1。いつも"夜"の設定で、入江と星空という圧倒的な雰囲気の中で食事ができます。コース料理なので、予算は1人あたり5000円程度と高めで、混雑するため予約必須ですが、デートにぴったり。

ホタルの舞う湿地

このあたりをアトラクションの船が横切る

こども連れにオススメ！
レアな朝食限定メニューも

③ センターストリート・コーヒーハウス

幼児のお昼寝タイムに使える

予約不要、完全屋内、ソファー席、隣にベビーセンターもあるレストラン。こども連れのファミリーには最高の環境です。やや混雑するので、11時頃か17時頃の早めの入店が安心。14〜17時限定のデザートセットがあり、他店はガラガラに空くこの時間帯も混雑しがちです。

※デザートセットは時期によって内容が異なります。

混雑日でもポップコーンを並ばず買える穴場の3カ所!

混雑日は20分以上待つことも！目立たない立地の穴場を狙え！

定番持ち歩きメニューのポップコーンは、休日の日中、待ち時間が20分以上になるほど混雑します。とはいえ、TDLに15カ所ある販売場所の中には穴場も。《ポップ・ア・ロット・ポップコーン》は〈トゥーンタウン〉の奥地、アトラクション《蒸気船マークトウェイン号》（P44）乗り場前は目立たない場所にあるため、空いています。また、《ポッピングポッド》は列が長くてもレジ2台体制のため、早く買えます。

バケットの有無で変わる！ポップコーンの買い方いろいろ

買い方は、レギュラーボックス（400円）、ポップコーンバケットに入れるおかわり用のリフィル（600円）の2通り。2022年にリフィルが値上げされたため、これまで割高感があったレギュラーボックス（リフィルの半分強の量）がややお得に。バケットのデザインや味はよく変わるため、直前に公式サイトでチェックを。バケットを買うとき、中身を入れずに引換券をもらい、他のワゴンで好きな味を入れることも可能。

空いてる！
ポップ・ア・ロット・ポップコーン
キャラメル

トゥーンポップ
ミルクチョコレート

プーさんのハニーハント前
ハニー

新エリアには
マッシュルーム型
ポップコーンの専門店が
オープン（P13）！

蒸気船マーク
トウェイン号前
休止

キャッスルカルーセル横
オレンジチョコレート

ビッグポップ
P13参照

ル・プティポッパー
キャラメル

TDL限定の
フレーバー！

トレジャーコメット横
ソルト

カウボーイ・クックハウス前
ブラックペッパー

空いてる！
ポッピングポッド
ミルクチョコレート

トレーディングポスト横
カレー

ポリネシアンテラス・
レストラン前
休止

ザ・ガゼーボ横
しょうゆバター

スウィートハート・
カフェ前
キャラメル

カフェ・オーリンズ前
抹茶ホワイトチョコ

※ 2022年11月現在。ポップコーンの味（フレーバー）は変更されることがあるので、お出かけ直前に公式サイトでご確認ください。

大きなフィギュアがもらえる
超人気ゲーム店！

2種類のゲームに挑戦！
フィギュアがもらえるかも

1ゲーム700円で、どちらかのゲームにチャレンジ。成功すると時期によって変わる景品をもらうことができ、フィギュアはビッグサイズ！**失敗してもチャーム**がもらえます。

初心者には丸太投げが簡単
コツをつかんで景品ゲット

丸太投げゲームは、こどもでも成功できるほど簡単。ボール転がしゲームは、初挑戦では激ムズだけど、運要素が少なく、慣れれば成功しやすい大人向け。**待ち列は別々なので注意。**

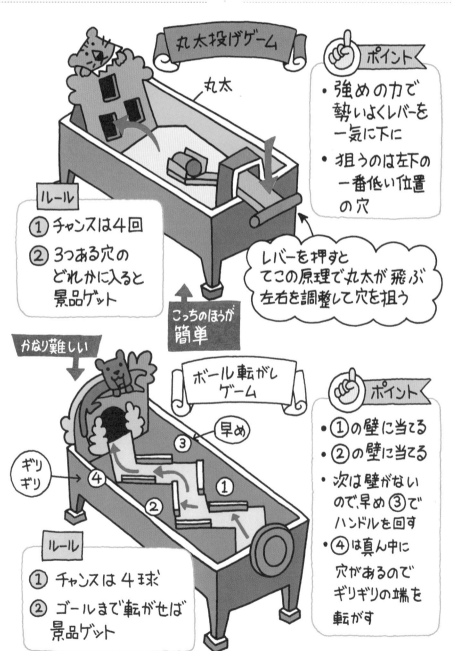

丸太投げゲーム

丸太

ポイント

・強めの力で勢いよくレバーを一気に下に

・狙うのは左下の一番低い位置の穴

ルール

① チャンスは4回

② 3つある穴のどれかに入ると景品ゲット

こっちのほうが簡単

レバーを押すとてこの原理で丸太が飛ぶ左右を調整して穴を狙う

かなり難しい

ボール転がしゲーム

早め

ギリギリ

ポイント

・①の壁に当てる

・②の壁に当てる

・次は壁がないので、早め③でハンドルを回す

・④は真ん中に穴があるのでギリギリの端を転がす

ルール

① チャンスは4球

② ゴールまで転がせば景品ゲット

TOKYO Disneyland

ショップの裏技

入るだけでワクワクするガラス製品店がある!

32 ガラスの靴

ガラス加工の実演もある
城内の雰囲気抜群のお店

シンデレラ城内にあるTDR最大のガラス製品のショップ。グラスや写真立て、フィギュアなどを販売。ガラス加工の実演を見ることもでき、店内を眺めているだけでも楽しいショップ。

名入れができるボールペンも人気!イベント限定商品もあります!

名前などが刻印できて
プレゼントにも最適!

高級感のある**ガラス製品に名入れもできる**ので、プレゼント用として人気があります。写真立てには日付も入れることができるので、記念日などのお祝いにも最適です。

混雑時はもうひとつの
ガラス製品店が穴場!

《ガラスの靴》は混雑しがちなので、混雑日は〈アドベンチャーランド〉にある《クリスタルアーツ》もオススメ! 品揃えは劣りますが、オリジナルの名入れグッズはこちらでも作れます!

TDLで人気の赤ちゃん
用品店が城裏にある!

33 ブレイブリトルテイラー・ショップ

パーク限定のベビー用品が
豊富な人気店

TDRでもっとも品ぞろえが豊富なベビー用品店。ベビー服・こども服が充実しているほか、ぬいぐるみやおもちゃ類、赤ちゃん用の食器なども販売。市販品も多くありますが、「TOKYO DISNEY RESORT」のロゴ入り商品はパーク限定。

おみやげや出産祝いの
プレゼントでも喜ばれる

こどもと一緒に来園した人が自宅用として買うのはもちろん、おみやげや出産祝いのプレゼントとして購入する人も多い人気店です。ラッピングバッグに入れると、いっそう喜ばれます。

TDLオリジナル香水の
お店がひっそり営業中!

17 ラ・プティート・パフュームリー

知る人ぞ知るお店の
オリジナル香水は必見

香水とバス用品を扱うショップ。《カリブの海賊》近くの小路、ロイヤルストリートの一番奥という目立たない場所にありますが、TDLオリジナル香水も販売する、知る人ぞ知る店。

キャラクター付きボトルの
バス用品がお手頃

手頃な価格のバス用品も充実しています。香水やバス用品はミニーやデイジー、ティンカーベルなどキャラクターデザインのボトルになっていて、種類も豊富。**テスターも**あります。

東京ディズニーシー

TDSの今を楽しむ! 3つのカギ

Key Point ① 不動の人気! どちらかは乗りたい! ソアリン&トイ・ストーリー・マニア!

- ファミリーは**トイマニ**、大人は**ソアリン**が**オススメ**
- 開園直後、どちらかに乗るだけでも**満足度**🔥
- 待ち時間が長いときは**有料パス**も考えて!

Key Point ② TDSは疲れるので…… 移動手段アトラクを有効活用!

- TDSは広い+アップダウンが多いので、疲れる!
- 船や電車をどんどん使って体力を温存&回復!

Key Point ③ 会えるのはTDSだけ ダッフィーに会いに行こう!

- グリがふわ&もふで癒し
- 2022年に新キャラも登場

絶対乗るべき
鉄板アトラクションランキング

1位 ⑦ P81
リピーター続出の圧倒的人気
トイ・ストーリー・マニア!

TDSで不動の人気を誇るアトラクション。アンディのおもちゃ「トイ・ストーリー・カーニバルゲーム」5種類が3D映像で展開されるアトラクション。いずれもシューティングゲームで、直感的な操作で誰でも楽しめる。ハイスコアを目指すリピーターが絶えない!

2位 ⑧ P84
恐怖の虜になる人続出の最恐アトラク
タワー・オブ・テラー

オーナーが謎の失踪を遂げたホテルの見学のツアーに参加し、恐怖の体験をするというフリーフォール型アトラクション。作り込まれたホテルの外装と内装、恐怖の演出と世界観で、TDR最恐ながらも虜になる人が続出!

3位 ① P77
海と景色を楽しむTDSの象徴
ヴェネツィアン・ゴンドラ

水の都ヴェネツィアを思わせるゴンドラで運河を進む、ロマンチックなアトラクション。メディテレーニアンハーバーとプロメテウス火山というTDSを象徴する景色を、水上から堪能できる。

4位 ③ P78
リアルな浮遊感の最新アトラク
ソアリン：ファンタスティック・フライト

海外パークで人気のアトラクションが東京上陸！　五感で味わうゆったりとした空の旅が楽しめる。東京オリジナルシーンに感動すること間違いなし！

5位 ⑫ P86
古代神殿をオフロード車で疾走!
インディ・ジョーンズ・アドベンチャー：クリスタルスカルの魔宮

"若さの泉"が隠されているという噂のある古代神殿ツアーに参加するアトラクション。猛スピードで走るオフロード車は、絶叫系とは違った疾走感が魅力!

6位 ㉕ P91
地底世界でスリリングな探検
センター・オブ・ジ・アース

TDSを象徴するプロメテウス火山の地底世界を探検。火山活動の発生で予定のコースをはずれた地底走行車が、噴火とともに火山から飛び出す瞬間はタワテラ以上の恐怖感!

7位 ⑨ P85
無限のバリエーションで楽しめる
タートル・トーク

映画『ファインディング・ニモ』シリーズに登場するカメのクラッシュと会話をするアトラクション。2017年のリニューアル以降は、多彩なキャラが登場中!

こどもと一緒に乗りたい アトラクションランキング

1位

⑰ P88

ジーニーのマジックを堪能!

マジックランプ シアター

ランプの魔人ジーニーが登場する3Dマジックショー。アドリブの多いマジックパートから、画面から飛び出すジーニー魔法のパートまで、驚きの連続!

2位

⑮ P87

つい口ずさみたくなる名曲

シンドバッド・ ストーリーブック・ ヴォヤッジ

アトラクション全編で流れる曲を手掛けたのは、『美女と野獣』『アラジン』など誰もが知る名曲を作曲したアラン・メンケン。ボートでゆったり進むので、こどもも楽しめる。

3位

⑪ P85

映画の世界に飛び込む!

ニモ&フレンズ・ シーライダー

魚サイズに縮む潜水艦で『ファインディング・ニモ』シリーズの世界を冒険。複数のストーリーがランダムに登場するので、乗るたび違う体験ができる。ただし、身長制限あり。

アトラクションの利用制限に注意!

赤ちゃん 抱っこでも OK	P77 ヴェネツィアン・ゴンドラ　P77 フォートレス・エクスプロレーション P80 ディズニーシー・トランジットスチーマーライン　P80 ビッグシティ・ヴィークル P80 ディズニーシー・エレクトリックレールウェイ　P85 タートル・トーク P87 シンドバッド・ストーリーブック・ヴォヤッジ　P88 マジックランプシアター P87 キャラバンカルーセル　P89 アリエルのプレイグラウンド P90 マーメイドラグーンシアター　P89 ブローフィッシュ・バルーンレース P90 ワールプール　P91 海底2万マイル
補助なしで 座れればOK	P81 トイ・ストーリー・マニア!　P85 アクアトピア P87 ジャスミンのフライングカーペット　P88 スカットルのスクーター P89 ジャンピン・ジェリーフィッシュ
90cm以上OK	P85 ニモ&フレンズ・シーライダー P88 フランダーのフライングフィッシュコースター
102cm以上OK	P78 ソアリン:ファンタスティック・フライト P84 タワー・オブ・テラー
117cm以上OK	P86 インディ・ジョーンズ・アドベンチャー P91 センター・オブ・ジ・アース

※《レイジングスピリッツ》(P86)は117cm以上、195cm以下OK

速報!! 3つのエリア＋新ホテル
2024年! TDS新テーマポート誕生

TDS新テーマポートの名称は『ファンタジースプリングス』。"魔法の泉が導く
ディズニーファンタジーの世界"をテーマに、3つのディズニー映画の世界を再現!
これまで以上にファンタジー感溢れる世界がTDSに誕生します。

『アナと雪の女王』エリア
フローズンキングダム

・アナ雪の名曲とストーリーを楽しむボートのアトラクション
・アレンデール城内にレストラン

『ピーター・パン』エリア
ピーターパンのネバーランド

・海賊と戦う大型アトラクション
・妖精たちが住むピクシー・ホロウを訪れるアトラクション

**アナとエルサの
フローズン・ジャーニー?**

← 商標登録から
新アトラクション名を →
予想!

**ピーター・パンの
ネバーランド・アドベンチャー?**

各エリアの正式名称が決定!

**すべての施設が
世界のディズニーパークにない
東京オリジナル!**

新ディズニーホテル

『塔の上のラプンツェル』エリア
ラプンツェルの森

・ランタンフェスティバルを訪れるアトラクション
・荒くれ者たちの酒場レストラン

東京ディズニーシー・
ファンタジースプリングスホテル

・新テーマポートの全景を望めるパークに面した客室
・全475室のうち、一部はTDRで最上級のラグジュアリータイプ

1 人気&定番をガッツリ巡るモデルコース

初めて&久しぶりの人向け！ 定番&ソアリンをまわる王道コース

8:15 開園
遅くとも
8時着を目標に

9時開園の
予告でも、
たいてい早まるので
注意！

3 9:15 ソアリン：ファンタスティック・フライト
45分待ち
風と香りも感じる！
新感覚の空の旅

12 10:15 インディ・ジョーンズ・アドベンチャー：クリスタルスカルの魔宮
30分待ち
若さの泉らしき場所は、
最初のクリスタルスカル直後！

1 13:30 ヴェネツィアン・ゴンドラ
20分待ち
ショーの前後は運営中止、
ショースケジュールに応じて
前後にずらそう！

昼食 10 11:45 ニューヨーク・デリ

11 11:00 ニモ&フレンズ・シーライダー
15分待ち

9 14:30 タートル・トーク
20分待ち
前方や通路側が
指名されやすい！

15:45 ヴィレッジ・グリーティングプレイス
30分待ち
TDSでしか会えない
ダッフィーのふわもふ感を味わって！

16:30 買い物
アトラクションの待ち時間中に
公式アプリで購入してもOK！

8 20:40 タワー・オブ・テラー
15分待ち
秘密の倉庫の天井から
吊るされている石像の口の中には
シリキの光る眼が！？

花火 5 20:30 ディズニー・ライト・ザ・ナイト

夕食 8 17:15 リストランテ・ディ・カナレット
事前予約利用
1カ月前の予約or
当日予約を忘れずに！

N1 19:40 ビリーヴ！〜シー・オブ・ドリームス〜
まずはエントリー受付（抽選）。当選しにくく、
無料の鑑賞エリアもほとんどないので、
有料パスも検討を！

小学生以下のこどもと楽しむモデルコース

待たない・歩かない・利用制限がない、こどもと一緒でも楽しめるコース!

8:30
開園
開園待ちをせず、
こどもとゆっくり

9時開園の予告でも、
8:15開園になることが
ほとんど!

⑦ **9:15**
トイ・ストーリー・
マニア!
30分待ち
P82の攻略テクで
高得点を狙え!

⑭ **9:45**
ジャスミンの
フライングカーペット
5分待ち

⑮ **10:00**
シンドバッド・
ストーリーブック・
ヴォヤッジ
5分待ち

⑯ **10:15**
キャラバン
カルーゼル
5分待ち

⑰ **10:30**
マジックランプ
シアター
20分待ち

㉑ **11:30**
ブローフィッシュ・
バルーンレース
15分待ち
利用制限はないけど、
旋回型でややスリルあり!

㉟ 昼食 **12:00**
セバスチャンの
カリプソキッチン

⑤ **14:00**
マーメイド
ラグーンシアター
30分待ち
コロナ禍で休止中のみ
グリーティングを実施。
ドナルドorデイジーに会える!

14:45
買い物
アトラクションの待ち時間中に
公式アプリで購入してもOK!

⑩ **15:30**
アクアトピア
15分待ち

⑪ **16:00**
ニモ&フレンズ・
シーライダー
15分待ち

⑳ 夕食 **17:00**
ケープコッド・
クックオフ
かわいいダッフィーのメニュー、
こどもが大好きな
ハンバーガー&ポテトも!

⑨ **19:00**
タートル・トーク
30分待ち
こどもは前方の席だと、
クラッシュと話せるチャンスが多い!

雨の日でも楽しめる見どころ満載モデルコース

雨の日ならではの要素＆屋内施設で、天気を気にせず楽しむコースです！

モデルコース

8:15 開園
遅くとも8時着を目標に

9時開園の予告でも、たいてい早まるので注意！

③ 9:15 ソアリン：ファンタスティック・フライト
45分待ち
博物館内のロビー奥、オープン日を示す時計の時刻にも注目！

㉕ 10:30 センター・オブ・ジ・アース
45分待ち
ワ～～ッ

⑮ 11:00 シンドバッド・ストーリーブック・ヴォヤッジ
5分待ち

⑰ 11:30 マジックランプシアター
20分待ち

㉝ 昼食 12:15 カスバ・フードコート
みんな大好きカレー！

④ 14:00 ミッキー＆フレンズ・グリーティングトレイル
30分待ち
ミッキーorミニーに会いに行こう！

⑫ 15:00 インディ・ジョーンズ・アドベンチャー：クリスタルスカルの魔宮
45分待ち

⑧ 16:00 タワー・オブ・テラー
45分待ち
出口のショップは、ホテルのプール跡地。床や天井にはその名残も！

16:30 買い物
公式アプリで購入すれば、荷物にならなくてラク！

⑥ 夕食 17:00 カフェ・ポルトフィーノ
屋内席が豊富なレストラン

⑦ 20:00 トイ・ストーリー・マニア！
60分待ち
待ち時間が短くなる夜を狙おう！

⑤ 花火 20:30 ディズニー・ライト・ザ・ナイト
雨でも風さえなければ、花火は上がる！

㉖ 20:45 海底2万マイル
5分待ち

4 有料パスで豪華に楽しむモデルコース

予算に余裕がある人向け！
有料パス（P26）を活用して、豪華&快適に過ごすコース！

1人+4500円

8:15
開園
遅くとも8時着を
目標に

9時開園から早まる
ことがほとんどなので
注意！

→

8:25
ディズニー・プレミア アクセス取得

《ビリーヴ！…》と《ソアリン》の
有料パスを取得。
ビリーヴは人気なので、
必ず入園直後に！

→

⑦ **9:00**
トイ・ストーリー・ マニア！

25分待ち

予算があるなら、
有料パスを使ってもOK！

---

⑫ **11:00**
インディ・ジョーンズ・ アドベンチャー： クリスタルスカルの魔宮

45分待ち

最後に撮られる写真は、
アプリに読み込んで購入！

⑩ **10:00**
アクアトピア

15分待ち

テーマポートの
雰囲気が味わえる
左レーンに並ぶのが
オススメ！

① **9:30**
ヴェネツィアン・ ゴンドラ

15分待ち

TDSならではの景色と
雰囲気を満喫して！

---

⑳ 昼食 **11:30**
ユカタン・ ベースキャンプ・グリル

→

⑮ **13:00**
シンドバッド・ ストーリーブック・ ヴォヤッジ

10分待ち

→

㉖ **13:45**
海底2万マイル

20分待ち

隠れニモ&
アリエルを
見つけよう！

16:30
買い物

公式アプリで購入すれば、
荷物にならなくてラク！

③ **16:00**
ソアリン： ファンタスティック・ フライト

プレミアアクセス利用

博物館内の展示もじっくり眺めてみて！

⑧ **15:00**
タワー・オブ・ テラー

45分待ち

エレベーターに乗り込む
手前の部屋の装飾に
注目！

---

⑲ 夕食 **17:15**
S.S.コロンビア・ ダイニングルーム

事前予約利用

1カ月前の予約or
当日予約を忘れずに！

19:40
ビリーヴ！ 〜シー・オブ・ドリームス〜

プレミアアクセス利用

鑑賞エリア内は
自由席=先着順なので、
入場時間になったら
スグ入ろう！

⑤ 花火 **20:30**
ディズニー・ライト・ ザ・ナイト

TOKYO DisneySEA

アトラクションの裏技

メディテレーニアンハーバー
アメリカンウォーターフロント
ポートディスカバリー
ロストリバーデルタ
アラビアンコースト
マーメイドラグーン
ミステリアスアイランド

本物のヴェネツィアの風景写真や絵画が乗り場にある!

① ヴェネツィアン・ゴンドラ

TDSを象徴するロマンチックなアトラクション

2人のゴンドリエが漕ぐゴンドラに乗り、運河から港を周遊。水上からの眺め、ゴンドリエのトークや歌、願いが叶う橋、ゲストとのコミュニケーションなど、TDSの魅力が詰まっています。ハーバーショーの前後は休止するため注意。カップルの多いクリスマス期間はとくに混雑。

乗り物　　混雑度 D

こども向き ☆☆☆☆☆
こどもが怖がる要素 暗 速 高 暗

絶叫度 □□□□□

利用制限 なし　なし

待ち時間

	平日	混む平日	土日	激混み
9:00	5	10	10	15
9:30	5	20	20	35
10:30	5	25	30	45
11:30	-	-	-	-
12:30	5	15	25	35
13:30	5	15	25	30
14:30	-	-	-	-
15:30	5	20	35	45
16:30	15	30	35	45
17:30	15	30	35	45
18:30	案内終了	案内終了	案内終了	案内終了
19:30	ハーバーショーの前後は運営中止			
20:30				

ショーが多いイベント期間は休止時間が長いため運営中は混雑

待ち時間なし「ザ・レオナルドチャレンジ」を見逃すな!

② フォートレス・エクスプロレーション

偉人たちの活動拠点で探検!

複雑に入り組んだ要塞やガリオン船、埠頭で自由に遊べる施設。大砲や望遠鏡、プラネタリウムなど、さまざまな仕掛けがあります。オリエンテーリング形式で謎解きに挑戦する「ザ・レオナルドチャレンジ」は待ち時間もほぼなく、こどもだけでなく大人も十分楽しめます。

たくさんの部屋、大砲も撃てる

ガリオン船ルネッサンス号

ウォークスルー　　混雑度 F

こども向き ☆☆☆☆☆
こどもが怖がる要素 暗 速 高 暗

絶叫度 □□□□□

利用制限 なし　なし

待ち時間

	平日	混む平日	土日	激混み
9:00				
9:30	12時～夕方のみ実施			
10:30				
11:30	案内開始前	案内開始前	案内開始前	案内開始前
12:30	5	5	5	5
13:30	5	5	5	5
14:30	5	5	5	5
15:30	5	5	5	5
16:30	5	5	5	5
17:30	案内終了	案内終了	案内終了	案内終了
18:30				
19:30				
20:30				

「ザ・レオナルドチャレンジ」は正午頃に開始、日没で終了!

※待ち時間は「ザ・レオナルドチャレンジ」のもの

TOKYO DisneySEA

アトラクションの裏技

メディテレー
ニアンハーバー

アメリカン
ウォーターフロント

ポート
ディスカバリー

ロストリバー
デルタ

アラビアン
コースト

マーメイド
ラグーン

ミステリアス
アイランド

TDS最新アトラクションのソアリンは感動的な浮遊感!

③ ソアリン:
ファンタスティック・フライト

ソアリンは今までにない新感覚のライドシアターアトラクション

ソアリンは、海外のディズニーパークでもとても人気の高い、**フライトシミュレーター型**アトラクションです。ライドに乗って風や匂いを感じながら、映像で世界の名所を巡る空の旅を楽しむという内容です。特徴は、今までにない新感覚の気持ちよい浮遊感! リアルな景色を眺めながら**本当に空を飛んでいると思えるくらいの感動**が味わえます。TDSでは海外版にはないオリジナルシーンも登場。なお、身長102cm未満は利用不可なので、こども連れの方は要注意。

乗り物				
混雑度	A			
こども向き	☆☆☆☆☆			
こどもが怖がる要素	低 **中** 高			
絶叫度	■□□□□			

利用制限
102cm未満不可 / 妊娠中不可

プレミアアクセス シングルライダー

待ち時間

時間	平日	混む平日	土日	激混み
9:00	65	120	145	200
9:30	60	90	145	200
10:30	50	75	145	180
11:30	55	85	155	200
12:30	55	80	120	170
13:30	45	75	130	170
14:30	50	80	130	180
15:30	50	80	140	200
16:30	50	90	160	210
17:30	45	75	155	200
18:30	45	75	140	案内終了
19:30	35	55	案内終了	
20:30	案内終了	案内終了		

待ち時間対策

待たずに乗るのは激ムズ! 特典やサービス利用も考えて

ソアリンは人気があることに加えて、**朝から夜まで待ち時間がほとんど減らないのが最大の特徴**。空く時間帯などがなく、どうしても有料パス等のサービスを利用しないと、短い待ち時間で体験することができません。

❶困ったら有料パスを検討

ディズニー・プレミアアクセス(P26)の対象アトラクションなので、当日待ち時間を見て「とても待てない」と感じたら、多少お金はかかってでも利用が吉。

❷ディズニーホテル宿泊特典を使う

アンバサダーかミラコスタに宿泊すれば、通常開園時間の15分前に入園できる「ハッピーエントリー」が利用できます(P19)。これなら人が殺到して待ち時間が長くなる前に体験可能。

❸ガイドツアーを利用する

事前予約制(1カ月前10:00予約開始)のガイドツアーでは、キャストによるソアリンのストーリーやエピソードの解説を聞いたあと、最後にソアリンを体験できます。記念品がついて1人6000円。知る人ぞ知るお値打ちサービスです。

並ぶ列は火山のほうにのびていく

TDS・トランジット
スチーマーライン 乗り場

プロメテウス火山

SOARING

ザンビーニ・
ブラザーズ・
リストランテ

STORY&アトラクションの流れ

舞台は「空を飛ぶという人類の夢」をテーマにした博物館 ファンタスティック・フライト・ミュージアム

「空を飛ぶ」人類の歴史が見事に作り込まれた展示は必見！

プレショーは左右の部屋で演出が異なる2種類！

カメリアが開発したドリームフライヤーに乗り込む！

絵画のカメリア＆ハヤブサが動き出す！

マッターホルン、ピラミッド、万里の長城など、世界12カ国の名所を巡る空の旅！

人類の夢が叶う瞬間へ！

各地の香りも感じてみて！

感動のフィナーレは東京＆TDS！

海外パークにはない、TDSだけのシーン！

ソアリンって酔いやすくないの？

筆者のクロロは、ジェットコースター系は大丈夫ですが、画面を見ながら動く系のアトラク、例えばTDL《スター・ツアーズ…》（P55）やTDS《…シーライダー》（P85）では酔います。ソアリンも画面を見ながら動く系のアトラクですが、揺れや動きが少ないので酔いません。浮遊感のあるアトラクが苦手でも、ソアリンだけは大丈夫という人がほとんどなので、酔う心配はしなくてOK！

メディテレーニアンハーバー

アメリカンウォーターフロント

ポートディスカバリー

ロストリバーデルタ

アラビアンコースト

マーメイドラグーン

ミステリアスアイランド

TOKYO DisneySEA

アトラクションの裏技

メディテレーニアンハーバー
アメリカンウォーターフロント
ポートディスカバリー
ロストリバーデルタ
アラビアンコースト
マーメイドラグーン
ミステリアスアイランド

船内アナウンスがリニューアル！半周＆1周コースあり

④ ディズニーシー・トランジットスチーマーライン

新導入のBGMは昼と夜でも違う！

小型の蒸気船は乗り場によりコースが異なり、半周コースと1周コースがあります。2018年に船内アナウンスがリニューアルし、BGMも導入。TDSはエリア間の移動距離が長いため、半周コースを有効活用しましょう。

ハーバーショーの前後は運行コースが変更or休止になる！ ♪

乗り物	混雑度 Ⓔ	利用制限
こども向き ☆☆☆☆☆	こどもが怖がる要素 暗速高落	・なし
絶叫度 □□□□□		・なし

護送車に乗って囚人気分？！意外と写真映えするかも

⑤ ビッグシティ・ヴィークル

クラクションも車によって違いがある！

7種のクラシックカーに乗ってニューヨークエリアを周遊。常に全種類が出ているわけではなく、約4種類が交代で走行。タウンカーや配達用トラック、ツアーバスなど、何に乗れるかはお楽しみ。待ち時間は基本的に次回の車両待ち。

人が多く、走行するのが危険な混雑日は休止することも！

乗り物	混雑度 Ⓔ	利用制限
こども向き ☆☆☆☆☆	こどもが怖がる要素 暗速高落	・なし
絶叫度 □□□□□		・なし

過去から未来へ時空旅行ができるアトラクがある!?

⑥ ディズニーシー・エレクトリックレールウェイ

車体は20世紀初頭のNYの高架鉄道を再現

〈アメリカンウォーターフロント〉と〈ポートディスカバリー〉を結ぶ高架鉄道。往復はできず片道運転のみ。アトラクションが空く夜の時間帯は夜景もキレイでとくにオススメです。日中は20分待ちになることも多く、短い移動距離を考えると移動手段としては効率的ではありません。

夜景がキレイ

乗り物	混雑度 Ⓔ
こども向き ☆☆☆☆☆	こどもが怖がる要素 暗速高落
絶叫度 □□□□□	
利用制限 ・なし	・なし

待ち時間

	平日	混む平日	土日	激混み
9:00	5	5	5	5
9:30	5	5	5	10
10:30	5	10	10	15
11:30	10	15	15	15
12:30	10	10	10	15
13:30	10	10	15	15
14:30	10	15	20	20
15:30	15	20	20	25
16:30	10	20	20	25
17:30	10	10	15	20
18:30	10	10	15	15
19:30	5	10	10	10
20:30	5	5	5	5

〈ポートディスカバリー〉発は午前中なら待ち時間短め

不動の超人気を誇るトイマニは課金orホテル泊で攻略

⑦ トイ・ストーリー・マニア!

ソアリンと並ぶ2大人気アトラク! 何度でもトライしたくなる白熱ゲームに夢中

映画『トイ・ストーリー』の世界で、ウッディやバズたちと一緒に**3Dシューティングゲームに挑戦**するアトラクション。2人1組でライドに乗り、**吹き矢や輪投げなど5つのステージの合計スコア**を競います。練習ステージもあり、的には得点が書かれているので、直感的に遊べます。最後にはスコア発表があり、そこでは「1時間」「今日」「今月」の3つのハイスコアも同時に表示されます。**次ページの狙うべき的を参考**に練習すれば、今月のハイスコアも夢じゃない!

乗り物	混雑度 Ⓐ
こども向き ☆☆☆☆☆	こどもが怖がる要素 暗 ● ● ●
絶叫度 □□□□□	
利用制限	

プレミアアクセス　シングルライダー

待ち時間

	平日	混む平日	土日	激混み
9:00	50	70	100	180
9:30	50	80	120	200
10:30	55	70	120	170
11:30	45	65	100	150
12:30	45	55	100	120
13:30	45	65	110	140
14:30	50	70	120	180
15:30	50	70	120	190
16:30	50	65	115	140
17:30	40	60	110	130
18:30	40	60	90	120
19:30	25	45	80	100
20:30	案内終了	案内終了	案内終了	案内終了

秘 マル秘情報 入口から乗り場までの演出に脱帽!

入口でひときわ目を引く、大きなウッディの顔。ゲストはここからおもちゃと同じサイズになってゲームに挑戦する設定! よく見ると乗り場はアンディのベッド脇、あたりも暗い夜の風景になっていることに気づくはず。映画のおもちゃたちと同じ体験ができる素敵な演出!

🕐 待ち時間対策

超人気!3つの対策で長い待ち時間を短縮

平日でも約1時間、休日は約2時間、激混み日は3時間前後まで待ち時間がのびる超人気アトラク。少しでも待ち時間を減らせる、3つの短縮テクがこちら!

❶夕方以降を狙う

ファミリー客が減る夜は、待ち時間が短くなる傾向あり。とくに夜のショー(P1)中は狙い目。逆に開園直後は❷利用の人で待ち時間がのびるので、避けるべき!

❷ホテル宿泊でハッピーエントリー

ディズニーホテル宿泊者は、通常開園時間の15分前に入園可能(P19)。人が殺到する前に、サクッと体験できる!

❸最後の手段、有料パスで快適に

ディズニー・プレミアアクセス(P26)を利用すれば、確実に短い待ち時間で体験できます。激混み日はとくに有効!

アメリカンウォーターフロント トイビル・トロリーパーク

古き良き遊園地がテーマの広場にミニゲームがいっぱい!

《トイ・ストーリー・マニア!》の周辺は、ニューヨークの古き良き遊園地をテーマにした広場です。アトラクションの入り口になっている、**高さ8mのウッディの顔**がひと際目を引きます。広場には、**ミニゲームやレビューショー**を楽しめる施設があります。中でも**ミスター・ポテトヘッド**が登場し、トークをしたり一緒にゲームをしたりするトイボックスプレイハウスは、こどもにたいへん人気です。また、**レビューショーは一定間隔で公演**されています。《トイ・ストーリー・マニア!》に乗らなくても見に行く価値がある広場です!

ミスター・ポテトヘッドがしゃべるよ!

メディテレーニアンハーバー

アメリカンウォーターフロント

ポートディスカバリー

ロストリバーデルタ

アラビアンコースト

マーメイドラグーン

ミステリアスアイランド

TOKYO DisneySEA

アトラクションの裏技

メディテレーニアンハーバー

アメリカンウォーターフロント

ポートディスカバリー

ロストリバーデルタ

アラビアンコースト

マーメイドラグーン

ミステリアスアイランド

今月のハイスコア50万点超えを出せるトイマニの裏技はコレ!

最後に、1時間以内・今日・今月の
各ハイスコアが表示されます。
それぞれの目安は

1時間以内	→25万点以上
今日	→30万点以上
今月	→50万点以上

装置のヒモをひっぱると、
弾が発射!

────────────

練習のあと、全6ステージを
まわる!

────────────

的に点数が書いてあるので
知識不要!

> ステージ1は
> 点数を大きく稼げないので、
> 練習のつもりで!

> 連射も必要だけど、
> 高得点のカギは
> 照準を合わせる
> ハンドルを握る手!

ステージ1 ボール投げ

①この的を
撃つ

②2000点の
鶏が出てくる

①と②を繰り返し、
合間に③で得点を
伸ばす

③モグラや
カモで得点
稼ぎ

②は的が小さく狙いにくいので、
自信がなければ①だけ狙おう!

的が大きく、点数が稼げるステージ。
適当に撃つだけでも爽快で楽しい!

ステージ2 風船割り

①火山から流れる溶岩を1本→2本→3本と
撃つと噴火して大量の的が登場

②左右の隕石を3回ずつ撃つと
大量の的の隕石が落下

ステージ3 皿割り

①左右同時に上がる2000点の
的を左右同時に撃つ

②大量の2000点の的が左右に
上がるようになる

5つのステージでは高得点的が
大量に出現する仕掛けが必ずある!

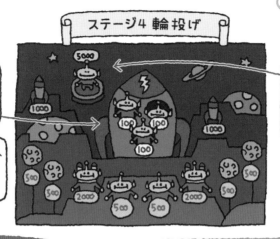

ステージ4 輪投げ

①中央のロケットの
的をすべて(復活
する前に)撃つ

②ロボットが登場し、
開けた口に入れた
輪がすべて得点に

③ロボットの口が
開いていないときは
左右の高得点を
狙う

照準を大きく
グルグル回すようにして、
全体の的を撃っていくのが
コツ!

「的に当てる」のではなく
「上から輪をかける」イメージで。
クセが強いけど、慣れると
高得点を出しやすいステージ!

ステージ5 的当て

①最初に出ている100点的をすべて撃つ

②500点と1000点的が出てくるのですべて撃つ

③高得点的が大量に出現

上に出てくる
①の的は
見逃しがち
なので注意!

ボーナスステージ

①2回出てくる高得点を優先

②左右の的を順に撃つ!

③最後は中央の的を連射!
筋肉痛になるくらい撃つ!

最後の③はとにかく連射!
自分の正面の的しか
得点にならないので、
隣の人の的を撃たないように
注意!

メディテレーニアンハーバー

アメリカンウォーターフロント

ポートディスカバリー

ロストリバーデルタ

アラビアンコースト

マーメイドラグーン

ミステリアスアイランド

TOKYO DisneySEA

アトラクションの裏技

メディテレーニアンハーバー
アメリカンウォーターフロント
ポートディスカバリー
ロストリバーデルタ
アラビアンコースト
マーメイドラグーン
ミステリアスアイランド

タワテラは休止期間がない代わりに
隠れ休止で待ち時間激増 ⑧ タワー・オブ・テラー

絶叫好きの若者に人気！ 春休みの2〜3月は激混み！

ホテル・ハイタワー見学ツアーに参加するフリーフォール型アトラクション。落下直前、外の景色が見える瞬間に撮られた写真を、出口で購入できます。毎年1〜3月の期間は、恐怖の演出や落下回数が増加した期間限定バージョンを実施。休止期間は設定されませんが、6カ所ある乗り場のうち2カ所が休止となる"隠れ休止期間"があります。この**"隠れ休止期間"は下の表＋30分程度の待ち時間**になるので、注意しましょう。たいてい毎年、**連休を除いた4月下旬〜6月**に隠れ休止となります。

乗り物	混雑度 A
こども向き ☆☆☆☆☆	こどもが怖がる要素 暗 速 高 落

絶叫度 ⬜⬜⬜⬜⬜

利用制限
102cm未満不可 ／ 体調制限・妊娠中・高齢者不可

プレミアアクセス　シングルライダー

待ち時間

	平日	混む平日	土日	激混み
9:00	30	50	90	110
9:30	50	70	110	120
10:30	55	70	120	140
11:30	55	75	120	150
12:30	45	60	90	100
13:30	45	60	100	100
14:30	50	70	110	120
15:30	55	75	120	120
16:30	40	60	100	110
17:30	35	60	90	100
18:30	30	50	75	90
19:30	25	45	60	80
20:30	案内終了	案内終了	案内終了	案内終了

㊙ マル秘情報 1〜3月に"最恐"バージョンを実施！

毎年1〜3月は《タワー・オブ・テラー"アンリミテッド"》が実施されます。**3つ**の落下パターンのいずれかが体験できる、予測不可能な"最恐"バージョンです。この時期は入試休みや春休みで絶叫系好きの学生が多いため、待ち時間が表の**＋30〜60分程度**になります。

所要時間が長いので他も空く閉園間際は他を優先すべき！

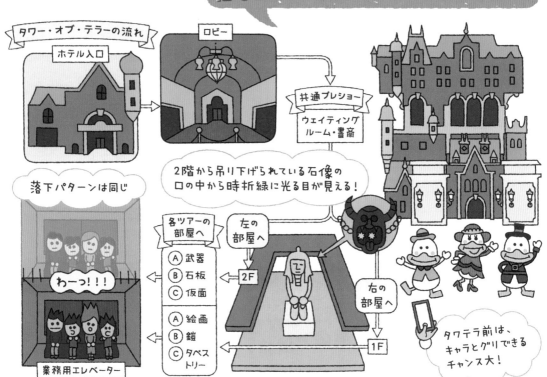

タワー・オブ・テラーの流れ

ホテル入口 → ロビー → 共通プレショー ウェイティングルーム・書斎

2階から吊り下げられている石像の口の中から時折緑に光る目が見える！

落下パターンは同じ

わーっ！！！

業務用エレベーター

各ツアーの部屋へ ／ 左の部屋へ
2F
(A) 武器
(B) 石板
(C) 仮面
(A) 絵画
(B) 鎧
(C) タペストリー
1F
右の部屋へ

タワテラ前は、キャラとグリできるチャンス大！

受け答えが年々進化するクラッシュ！「ニモ」の他キャラも登場

⑨ タートル・トーク

人生相談への深イイ答えも面白い！

S.S.コロンビア号の海底展望室で、映画『ファインディング・ニモ』シリーズに登場するカメのクラッシュと会話。2017年のリニューアルで**ドリーやハンク**など登場キャラが増えたほか、会話パターンも大きく変更。

ショー　混雑度 **B**
こども向き ☆☆☆☆☆
こどもが怖がる要素　暗 混 高 落
絶叫度 □□□□□
利用制限　なし／なし

待ち時間	平日	混む平日	土日	激混み
9:00	15	15	30	30
9:30	15	15	30	30
10:30	20	20	35	50
11:30	20	35	45	50
12:30	20	25	35	40
13:30	20	25	35	40
14:30	25	30	40	45
15:30	20	35	45	60
16:30	20	20	45	55
17:30	20	20	35	50
18:30	20	20	30	45
19:30	15	15	30	30
20:30	案内終了	案内終了	案内終了	案内終了

夏のびしょ濡れバージョンは容赦ない濡れ具合！

⑩ アクアトピア

こどもでも楽しめて、土日は30分待ち超え

滝や間欠泉などの危険を自動的に回避する最新技術が搭載されたヴィークルで水上ドライブ。コースは左右の乗り場で2種ずつ計4種類。**夜のライトアップは幻想的**。夏季はびしょ濡れバージョンで運営し、上半身は水が滴るほど。

乗り物　混雑度 **C**
こども向き ☆☆☆☆☆
こどもが怖がる要素　暗 混 高 落
絶叫度 □□□□□
利用制限　なし

待ち時間	平日	混む平日	土日	激混み
9:00	5	5	5	5
9:30	5	5	5	5
10:30	5	10	20	30
11:30	5	15	25	40
12:30	5	15	25	35
13:30	5	20	30	45
14:30	5	20	30	35
15:30	5	20	30	35
16:30	5	10	20	25
17:30	5	10	20	25
18:30	5	10	20	20
19:30	5	5	15	20
20:30	5	5	15	15

ニモのアトラクはシーンの組み合わせが32通り！

⑪ ニモ＆フレンズ・シーライダー

映画スタッフが制作したハイクオリティな映像！

魚サイズに縮む潜水艇・シーライダーに乗って、ニモの世界を体験。映像と連動して座席が動くアトラクション。5シーン各2種類の映像がランダムに登場し、**2×2×2×2×2=32通り**の組み合わせ。こどもに人気の高いニモシリーズですが、**90cm未満不可の身長制限**に注意。

乗り物　混雑度 **C**
こども向き ☆☆☆☆☆
こどもが怖がる要素　暗 混 高 落
絶叫度 □□□□□
利用制限　90cm未満不可／妊娠中不可

待ち時間	平日	混む平日	土日	激混み
9:00	5	5	5	15
9:30	15	15	15	20
10:30	15	15	20	30
11:30	15	15	30	30
12:30	15	20	30	35
13:30	15	20	30	30
14:30	20	20	30	40
15:30	20	20	25	30
16:30	20	20	30	40
17:30	15	20	30	30
18:30	15	15	15	20
19:30	15	15	15	15
20:30	15	15	15	15

メディテレーニアンハーバー
アメリカンウォーターフロント
ポートディスカバリー
ロストリバーデルタ
アラビアンコースト
マーメイドラグーン
ミステリアスアイランド

インディ博士のセリフは3カ所！複数のパターンがある ⑫ インディ・ジョーンズ・アドベンチャー：クリスタルスカルの魔宮

開園直後と閉園間際はとくに空いている

インディ・ジョーンズ博士の助手・パコの魔宮ツアーに参加し、古代神殿内をオフロードカーで走るアトラクション。最後に撮られる写真は**背中を伸ばして左上方向を見る**とよく写ります。エントランスからもっとも遠いため開園直後と閉園間際は空いています。

神殿正面のフォトスポット

ユカタン・ベースキャンプ・グリル

TDSの穴場レストラン 大ボリュームのスモーク料理

乗り物

混雑度 B

こども向き ☆☆☆☆☆

こどもが怖がる要素 暗 速 高 落

絶叫度 ☐☐☐☐☐

利用制限 117cm未満不可 ❗体調制限 妊娠中・高齢者不可

待ち時間			
	平日	混む平日	土日	激混み
9:00	5	5	20	30
9:30	5	10	40	55
10:30	10	35	60	70
11:30	15	35	65	70
12:30	15	35	65	80
13:30	10	35	65	65
14:30	10	40	65	70
15:30	10	40	65	75
16:30	20	45	70	80
17:30	10	25	55	65
18:30	5	15	45	55
19:30	5	10	45	45
20:30	5	5	25	案内終了

身長が高すぎても乗れない両パークで唯一のライド ⑬ レイジングスピリッツ

身長117cm未満に加え195cmを超える場合も利用不可！

TDL、TDSを通じて唯一の垂直に360度1回転ループをするコースター。**1分半と所要時間は短め。**荷物は足の間に挟む形で足元に置きますが、遠心力がかかるため荷物が落ちる心配はありません。屋外なので、雨の日は待ち時間が大きく減ります。

360度垂直回転するコースターなので荷物が不安な人は先に出口から入ってロッカーに荷物を入れる

記念撮影をするならココ！

コインリターン式のロッカー

ロストリバークックハウス

"絶品チキンレッグ"レジ2台体制で行列の進みも早い

乗り物

混雑度 B

こども向き ☆☆☆☆☆

こどもが怖がる要素 暗 速 高 落

絶叫度 ☐☐☐☐☐

利用制限 117cm未満・195cm超不可 ❗体調・体格制限 妊娠中・高齢者不可

待ち時間			
	平日	混む平日	土日	激混み
9:00	5	15	20	25
9:30	10	25	45	45
10:30	10	25	50	60
11:30	20	25	50	60
12:30	15	30	50	60
13:30	15	30	50	55
14:30	25	35	50	70
15:30	20	25	50	65
16:30	5	25	45	65
17:30	5	25	35	45
18:30	5	20	35	40
19:30	5	20	35	40
20:30	5	10	25	案内終了

メディテレーニアンハーバー

アメリカンウォーターフロント

ポートディスカバリー

ロストリバーデルタ

アラビアンコースト

マーメイドラグーン

ミステリアスアイランド

カーペットに乗る姿の写真は専用の展望台で!

⑭ ジャスミンのフライングカーペット

乗車中は撮影禁止! 展望台から撮る!

映画『アラジン』に登場する空飛ぶじゅうたんをモチーフにしたアトラクションで、ジャスミンの庭園上空を旋回。座席のレバーで操作が可能ですが、前後で機能が異なり、**前の座席は高さ、後ろの座席は傾き**が変えられます。夜のライトアップはとてもキレイでオススメ。

〈アラビアンコースト〉からプロメテウス火山まで一望できる!

! 前後の席でレバー操縦の反応が異なる!

高くしたり低くしたりレバーで変えられる

↑↓ ライドの高度を操作

前に傾けたり後ろに傾けたりレバーで変えられる

↺ ライドの傾きを操縦

待ち時間

	平日	混む平日	土日	激混み
9:00	案内開始前	案内開始前	案内開始前	案内開始前
9:30	5	5	10	10
10:30	5	5	10	10
11:30	5	10	15	20
12:30	5	10	20	30
13:30	5	10	25	30
14:30	10	10	25	35
15:30	10	10	25	35
16:30	10	10	20	25
17:30	10	10	15	20
18:30	10	10	15	20
19:30	10	10	15	15
20:30	5	5	10	10

乗り物　混雑度 D

こども向き ☆☆☆☆☆

こどもが怖がる要素 暗 速 高 落

絶叫度 □□□□□

利用制限　なし　！ なし

アトラクションの裏技

金貨に描かれた隠れジーニーを見逃すな!

⑮ シンドバッド・ストーリーブック・ヴォヤッジ

ファンから絶大な人気の音楽は必聴!

ボートに乗って『船乗りシンドバッド』の物語が楽しめます。グッズやメニューにもなっているトラの子・チャンドゥも登場します。巨人が捕らえられた牢獄の前には、隠れジーニーの描かれた金貨が!

待ち時間

	平日	混む平日	土日	激混み
9:00	5	5	5	5
9:30	5	5	5	5
10:30	5	5	5	5
11:30	5	5	5	15
12:30	5	5	10	15
13:30	5	5	15	15
14:30	5	10	15	20
15:30	5	10	15	20
16:30	5	5	10	15
17:30	5	5	10	15
18:30	5	5	10	10
19:30	5	5	5	5
20:30	5	5	5	5

乗り物　混雑度 E

こども向き ☆☆☆☆☆

こどもが怖がる要素 暗 速 高 落

絶叫度 □□□□□

利用制限　なし　！ なし

人気があるジーニーのカルーセルは全部で16体!

⑯ キャラバンカルーセル

待ち時間が20分以上になることはめったにない

ディズニーパーク初の2層式メリーゴーランドで、**並ぶ列は1階と2階に分かれ**ています。象やラクダのほか、青・緑・紫のジーニーが1階と2階合わせて合計16体あります。TDSオープン当初はジーニーが9体でしたが、現在は16体に。

待ち時間

	平日	混む平日	土日	激混み
9:00				
9:30	案内開始前	案内開始前	案内開始前	案内開始前
10:30	5	5	5	5
11:30	5	5	5	5
12:30	5	5	5	10
13:30	5	5	10	10
14:30	5	5	15	20
15:30	5	5	10	10
16:30	5	5	10	10
17:30	5	5	15	15
18:30	5	5	5	10
19:30	5	5	5	5
20:30	5	5	5	5

乗り物　混雑度 E

こども向き ☆☆☆☆☆

こどもが怖がる要素 暗 速 高 落

絶叫度 □□□□□

利用制限　なし　！ なし

メディテレーニアンハーバー
アメリカンウォーターフロント
ポートディスカバリー
ロストリバーデルタ
アラビアンコースト
マーメイドラグーン
ミステリアスアイランド

ジーニーがマジックでミッキーを描く シーンを見逃すな！

⑰ マジックランプシアター

20分待ち＝次回案内なのですぐ入れる！

映画『アラジン』に登場するジーニーの3Dマジックが楽しめるシアタータイプのアトラクション。魔法のランプで世界一偉大なマジシャンになる願いを叶えてもらったシャバーンと召し使いのアシームが、**アドリブ満載でマジックを繰り広げます。**

ショーの途中、ジーニーが箱から登場してすぐ描く絵の中に、隠れミッキーがあります。一瞬なので、ジーニーが登場したらぜひ注目を！ **プレショーも含めると所要時間約23分なので、時間に余裕をもって入ることをオススメします。**

待ち時間

	平日	混む平日	土日	激混み
9:00				
9:30	案内開始前	案内開始前	案内開始前	案内開始前
10:30	15	15	15	20
11:30	15	15	15	25
12:30	15	25	35	40
13:30	15	20	35	30
14:30	15	20	20	25
15:30	15	20	25	40
16:30	15	25	35	50
17:30	15	20	30	40
18:30	案内終了	案内終了	案内終了	案内終了
19:30				
20:30				

ショー　混雑度 C

こども向き ☆☆☆☆☆

こどもが怖がる要素 暗

絶叫度 □□□□□

利用制限 なし ！ なし

 マル秘情報 秘

アシームとシャバーンがレストランに登場!?

このアトラクションに登場するアシームとシャバーンは、過去のハロウィーンイベントで、隣のレストラン《カスバ・フードコート》にやってきてマジックを披露したことがありました。間近でマジックを披露してくれるので、ファンの間で大人気のプログラムでした。

待ち列の洞窟には 隠れミッキーが！

⑱ フランダーのフライングフィッシュコースター

身長制限を超えたこどもの初コースターに！

映画『リトル・マーメイド』に登場するアリエルの友達フランダーがトビウオたちを率いて造ったという小型コースター。潮だまりをトビウオが飛ぶようにアップダウンしながら駆け抜けます。屋外にあるので、雨の日は注意。

待ち時間

	平日	混む平日	土日	激混み
9:00	5	5	5	5
9:30	5	5	5	15
10:30	5	10	15	30
11:30	10	25	35	40
12:30	5	20	35	35
13:30	5	20	30	35
14:30	20	25	40	40
15:30	15	20	30	40
16:30	5	15	30	30
17:30	5	15	25	25
18:30	5	15	20	25
19:30	5	10	10	15
20:30	5	5	5	10

乗り物　混雑度 C

こども向き ☆☆☆☆☆

こどもが怖がる要素 暗 速 高 落

絶叫度 □□□□□

利用制限 90cm未満不可 ！ 体調制限 妊娠中不可

スカットルの見張り台下には 映画に登場したイカリが！

⑲ スカットルのスクーター

夕方以降が空く！ 屋外なので天候に注意

映画『リトル・マーメイド』に登場するカモメのスカットルが集めたヤドカリに乗って、デコボコした砂浜をぐるぐる回るアトラクション。ヤドカリの背中に**2人1組**で乗り込み、中央の見張り台にいるスカットルの周りを回ります。

待ち時間

	平日	混む平日	土日	激混み
9:00	5	5	5	5
9:30	5	5	10	10
10:30	5	10	20	20
11:30	5	10	20	25
12:30	5	10	20	25
13:30	5	15	30	35
14:30	5	15	25	30
15:30	5	15	20	20
16:30	5	20	20	20
17:30	5	10	10	10
18:30	5	5	5	5
19:30	5	5	5	5
20:30	5	5	5	5

乗り物　混雑度 D

こども向き ☆☆☆☆☆

こどもが怖がる要素 暗 速 高 落

絶叫度 □□□□□

利用制限 なし ！ なし

メディテレーニアンハーバー

アメリカンウォーターフロント

ポートディスカバリー

ロストリバーデルタ

アラビアンコースト

マーメイドラグーン

ミステリアスアイランド

見晴らしのよいクラゲは前方の2台

⑳ ジャンピン・ジェリーフィッシュ

こども向けで、見晴らしもよい！

クラゲから吊り下げられた貝殻のゴンドラに乗り込み、海中をふわふわと上下に漂いながら海底世界のアンダー・ザ・シーを一望。ゆったりとした動きで、こどもと一緒に乗るのにもぴったりです。ライドは**1台2人乗り**で、全12台。

	乗り物	混雑度 D			
こども向き ☆☆☆☆☆					
こどもが怖がる要素 高					
絶叫度 □□□□□					
利用制限 ✕ 人 なし ！ なし					

待ち時間	平日	混む平日	土日	激混み
9:00	案内開始前	案内開始前	案内開始前	案内開始前
9:30	5	5	5	5
10:30	5	5	10	20
11:30	5	5	15	20
12:30	5	10	20	20
13:30	5	15	20	20
14:30	5	10	20	20
15:30	5	10	15	20
16:30	5	10	20	30
17:30	5	5	15	25
18:30	5	5	15	20
19:30	5	5	10	15
20:30	5	5	5	5

意外なスピード＆スリルがある海底でのフグレース

㉑ ブローフィッシュ・バルーンレース

利用制限はないけど、意外なスリル！

フグが吊り下げた貝殻のゴンドラに乗って、回転レースに参加。海底世界アンダー・ザ・シーを見渡せるうえ、徐々にスピードアップ＆遠心力で**思わぬスリルも！** 1台4人乗りで、利用制限がないので、親子で楽しめます。

	乗り物	混雑度 C			
こども向き ☆☆☆☆☆					
こどもが怖がる要素 速 高					
絶叫度 □□□□□					
利用制限 ✕ 人 なし ！ なし					

待ち時間	平日	混む平日	土日	激混み
9:00	5	5	5	5
9:30	5	5	5	10
10:30	5	15	20	20
11:30	10	15	30	35
12:30	20	25	35	35
13:30	25	25	35	40
14:30	15	20	30	35
15:30	20	20	35	35
16:30	20	20	35	35
17:30	15	20	35	40
18:30	15	15	35	35
19:30	10	10	15	20
20:30	5	5	10 - 15	

マーメイドラグーン内にはアースラが登場する鏡が！

㉒ アリエルのプレイグラウンド

自由に出入りできて、遊べる施設

映画『リトル・マーメイド』の探検エリア。影遊びができるケーブ・オブ・シャドーでは自分以外にアリエルやフランダーの影も浮かび上がります。ダンジョンの鏡ではアースラが登場し、**さまざまなメッセージが聞けます。** クッションを積み木や磁石のように使う、こども向けの遊び場も。

	ウォークスルー	混雑度 F
こども向き ☆☆☆☆☆	こどもが怖がる要素 暗 速 高 揺	
絶叫度 □□□□□		
利用制限 ✕ 人 なし ！ なし		

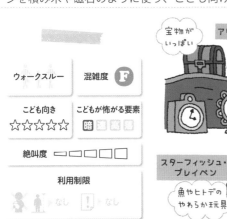

宝物がいっぱい アリエルのグロット

スターフィッシュ・プレイペン

魚やヒトデのやわらか玩具

水が飛び出る遊び場

沈没船に張り巡らされたネットを歩くスポット

フィッシャーマンズ・ネット

マーメイド・シースプレー

床はゴム素材になっているので幼いこどもが遊ぶときも安心！

自分の影が壁に残るアリエルの影も登場

ケーブ・オブ・シャドウ

鏡にアースラが登場

アースラのダンジョン

アリエルが一番近いのは 正面の前から3～4列目！

㉓ マーメイドラグーンシアター

複雑な舞台装置のため、頻繁に休止期間が！

　ステージショー「キング・トリトンのコンサート」を公演。トリトン王やセバスチャン、フランダー、アリエルの6人の姉たちも登場し、映画のシーンと名曲を再現。客席は360度に近い円形の配置。**手を伸ばせば届きそうな距離でアリエルが頭上を舞う姿は圧巻！**

	ショー		混雑度 C
こども向き ☆☆☆☆☆		こどもが怖がる要素 暗 混 高 落	
絶叫度 □□□□□			
利用制限　なし　！なし			

待ち時間

	平日	混む平日	土日	激混み
9:00				
9:30				
10:30				
11:30				
12:30				
13:30				
14:30				
15:30				
16:30				
17:30				
18:30				
19:30				
20:30				

コロナ以降（2020年2月頃～）休止中
↓
代わりに限定のグリーティング（P93）を実施中！

ステージ

アリエルは宙を舞って客席の上に来てくれる

おススメは正面のブロックどのブロックでも3～4列目あたりが見やすい

TDSのコーヒーカップは 背中の使い方がキモ！

㉔ ワールプール

遠心力だけで回る、珍しいアトラクション！

　海藻のカップに乗って、ぐるぐる回りながら8の字に動くコーヒーカップ型アトラク。1台4人乗りのコーヒーカップには回すためのハンドルがありません。遠心力で回転が速くなる仕組みなので、**速く回転させたい場合は、全員固まって座り、背中をしっかりとカップの外側につけよう！**

	乗り物		混雑度 D
こども向き ☆☆☆☆☆		こどもが怖がる要素 暗 混 高 落	
絶叫度 □□□□□			
利用制限　なし　！なし			

待ち時間

	平日	混む平日	土日	激混み
9:00	案内開始前	案内開始前	案内開始前	案内開始前
9:30	5	5	5	5
10:30	5	10	10	20
11:30	5	10	20	25
12:30	5	10	25	25
13:30	10	15	25	30
14:30	10	20	20	25
15:30	10	10	15	20
16:30	15	15	30	30
17:30	10	10	20	35
18:30	10	10	20	25
19:30	5	5	15	25
20:30	5	5	5	5

早く回すには
① カップ内の全員が固まる
② 前傾ではなく、背もたれにしっかり背中をつけて背中側に体重を乗せる

※手や頭をカップ外に出したり、上半身を乗り出したりはしないように！

ハンドルを回すのではなく遠心力で回る！

回転率が低く待ち時間が減りにくい。日中は20分前後待ち！

メディテレーニアンハーバー
アメリカンウォーターフロント
ポートディスカバリー
ロストリバーデルタ
アラビアンコースト
マーメイドラグーン
ミステリアスアイランド

休止期間にレアなガイドツアーを実施することも!

㉕ センター・オブ・ジ・アース

TDLとTDSの中でもっとも速い絶叫ライド!

映画『海底2万マイル』に登場する天才科学者ネモ船長が開発した地底走行車で、地底800mの世界を探検する絶叫ライド。絶叫シーンは最後だけですが、この瞬間のスピードは**パーク最速の時速75km!** 待ち時間はソアリン(P78)とトイマニ(P81)に次ぐ3番人気。

乗り物	混雑度 Ⓐ
こども向き ☆☆☆☆☆	こどもが怖がる要素 暗 速 高 落
絶叫度 ▢▢▢▢▢	

利用制限

117cm未満不可　体調制限 妊娠中・高齢者不可

プレミアアクセス　シングルライダー

待ち時間

	平日	混む平日	土日	激混み
9:00	20	35	55	65
9:30	25	60	70	80
10:30	25	60	75	80
11:30	30	70	80	90
12:30	30	50	80	85
13:30	25	60	80	90
14:30	25	45	75	85
15:30	20	45	75	85
16:30	20	50	80	100
17:30	20	45	75	100
18:30	20	40	70	90
19:30	20	30	70	75
20:30	15	25	案内終了	案内終了

プロメテウス火山の中腹に突き刺さった削岩機

地底世界を掘った機械

アトラクション入口の洞窟内からドリルが見える

2万マイルで隠れニモと隠れアリエルを見つけよう!

㉖ 海底2万マイル

謎の天才科学者ネモ船長の肉声が聞ける唯一の施設

映画『海底2万マイル』に登場する天才科学者ネモ船長が設計した小型潜水艇で海底を探検。途中でサーチライトを操作しての探索も。中央と左右の3カ所に、2名ずつ座れる座席があり、見える景色が違います。隠れニモと隠れアリエルがありますが、座席によって見えるかどうかが分かれます。**隠れニモはスタート後、すぐ左側にあるので左座席が、隠れアリエルは巨大イカ登場前、右側の沈没船に描かれた絵と彫刻**にあるので右座席が、それぞれ見つけやすいポジションです。

乗り物	混雑度 Ⓓ
こども向き ☆☆☆☆☆	こどもが怖がる要素 暗 速 高 落
絶叫度 ▢▢▢▢▢	

利用制限

▶なし　!▶なし

待ち時間

	平日	混む平日	土日	激混み
9:00	5	5	10	10
9:30	5	5	10	20
10:30	10	15	25	35
11:30	10	10	20	30
12:30	10	10	25	35
13:30	5	10	25	30
14:30	5	10	25	30
15:30	5	10	25	30
16:30	10	10	30	40
17:30	5	5	15	30
18:30	5	5	10	25
19:30	5	5	10	15
20:30	5	5	5	5

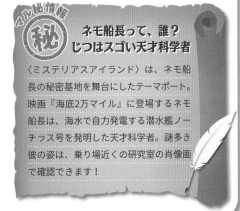

マル秘情報

㊙

ネモ船長って、誰? じつはスゴい天才科学者

〈ミステリアスアイランド〉は、ネモ船長の秘密基地を舞台にしたテーマポート。映画『海底2万マイル』に登場するネモ船長は、海水で自力発電する潜水艦ノーチラス号を発明した天才科学者。謎多き彼の姿は、乗り場近くの研究室の肖像画で確認できます!

メディテレーニアンハーバー
アメリカンウォーターフロント
ポートディスカバリー
ロストリバーデルタ
アラビアンコースト
マーメイドラグーン
ミステリアスアイランド

TOKYO DisneySEA

グリーティングの裏技

キャラに会いたい人必見！ここで会える！ TDSグリーティングマップ

TDSでは、並べば確実にキャラに会えるグリーティングを5カ所で実施しています。ほかにも、パーク内で突発的に現れたキャラに会えることがありますが、キャラがよく出没するのがマップの★の場所。この近くを通るときは、キャラがいないかあたりを見渡してみよう！

1 ヴィレッジ・グリーティングプレイス

登場キャラクター

ダッフィー

2023年1月10日から

> ここでは通常時シェリーメイが登場！7月からまた戻るかも？

混雑度 D

待ち時間	平日	混む平日	土日	激混み
9:00	案内開始前	案内開始前	案内開始前	案内開始前
9:30	5	10	10	15
10:30	20	25	25	30
11:30	25	30	30	30
12:30	20	20	25	30
13:30	-	-	-	-
14:30	-	-	-	-
15:30	-	-	-	-
16:30	25	30	35	35
17:30	30	35	35	45
18:30	30	35	35	45
19:30	25	30	30	40
20:30	案内終了	案内終了	案内終了	案内終了

2 ウォーターフロントパーク

登場キャラクター

シェリーメイ

> 屋根がない場所なので、雨だと中止！

混雑度 D

待ち時間	平日	混む平日	土日	激混み
9:00	案内開始前	案内開始前	案内開始前	案内開始前
9:30	20	30	35	45
10:30	30	40	40	45
11:30	-	-	-	-
12:30	25	25	25	30
13:30	30	40	40	50
14:30	25	30	35	40
15:30	案内終了	案内終了	案内終了	案内終了
16:30				
17:30				
18:30				
19:30				
20:30				

3 "サルードス・アミーゴス！" グリーティングドック

登場キャラクター

ダッフィー

2023年1月9日まで

> 2023年1〜6月は休止期間。その間、ダッフィーの登場場所が変更に！

混雑度 C

待ち時間	平日	混む平日	土日	激混み
9:00	案内開始前	案内開始前	案内開始前	案内開始前
9:30	20	35	35	45
10:30	35	45	45	45
11:30	35	40	40	45
12:30	35	40	45	45
13:30	35	40	50	50
14:30	40	45	50	60
15:30	45	50	55	60
16:30	50	50	55	65
17:30	35	40	50	60
18:30	30	40	45	50
19:30	30	35	案内終了	案内終了
20:30	案内終了	案内終了		

メディテレーニアンハーバー
アメリカンウォーターフロント
ポートディスカバリー
ロストリバーデルタ
アラビアンコースト
マーメイドラグーン
ミステリアスアイランド

④ ミッキー&フレンズ・グリーティングトレイル

混雑度 B ミッキー 待ち時間					混雑度 C ミニー 待ち時間				
	平日	混む平日	土日	激混み		平日	混む平日	土日	激混み
9:00	案内開始前	案内開始前	案内開始前	案内開始前	9:00	案内開始前	案内開始前	案内開始前	案内開始前
9:30	50	60	60	70	9:30	30	35	40	45
10:30	35	40	45	50	10:30	30	30	40	40
11:30	35	45	45	55	11:30	35	40	40	50
12:30	45	50	60	70	12:30	35	45	50	50
13:30	50	60	60	80	13:30	30	35	35	45
14:30	45	45	50	55	14:30	35	35	40	45
15:30	45	50	55	60	15:30	35	45	45	50
16:30	60	60	70	80	16:30	40	45	50	55
17:30	50	60	60	70	17:30	35	40	50	55
18:30	45	50	50	55	18:30	35	40	45	45
19:30	案内終了	案内終了	案内終了	案内終了	19:30	案内終了	案内終了	案内終了	案内終了
20:30					20:30				

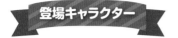
登場キャラクター

ミッキー、ミニー

待ち列が別々に作られており、
どちらに会うか選べます

⑤ マーメイドラグーンシアター

混雑度 C 待ち時間			
	平日	混む平日	土日	激混み
9:00				
9:30				
10:30	案内開始前	案内開始前	案内開始前	案内開始前
11:30	15	20	20	25
12:30	10	20	25	25
13:30	30	35	40	40
14:30	20	35	35	35
15:30	25	35	35	40
16:30	25	25	30	35
17:30	30	30	45	45
18:30	案内終了	案内終了	案内終了	案内終了
19:30				
20:30				

登場キャラクター

ドナルド、デイジー

ランダムでどちらかに会える

本来はアトラクション施設（P90）ですが、コロナ以降は休止しており、グリーティングを実施！

マップ

ウォーターフロントパーク
ドナルド、デイジー、スクルージ、マリーなど

ザンビーニ・ブラザーズ・★リストランテ横
ピノキオ、ジミニー・クリケット、ファウルフェロー、ギデオンなど

ディズニーシー・トランジットスチーマーライン入口前
チップ、デール、マックス、ホセ、パンチートなど

マジックランプシアター周辺
アラジン、ジャスミン、ジーニー、アブーなど

グリーティングの裏技

メディテレーニアンハーバー
アメリカンウォーターフロント
ポートディスカバリー
ロストリバーデルタ
アラビアンコースト
マーメイドラグーン
ミステリアスアイランド

TOKYO DisneySEA

グリーティングの裏技

メディテレーニアンハーバー
アメリカンウォーターフロント
ディスカバリーポート
ロストリバーデルタ
アラビアンコースト
マーメイドラグーン
ミステリアスアイランド

ダッフィー&フレンズに 7人目の新しいおともだちが登場!

ダッフィー
- ●ミニーがミッキーにプレゼントした手作りのテディベア
- ●2004年の初登場時は「ディズニーベア」と呼ばれていた

シェリーメイ
- ●2010年に登場したクマの女の子
- ●ハートの形をした貝殻（シェル）のペンダントを身に着けているのでシェリーメイ

ジェラトーニ
- ●2014年に登場した、絵を描くことが大好きなネコの男の子
- ●ダッフィーが落としたジェラートを使って絵を描いたことで仲良くなった

ステラ・ルー
- ●2017年に登場した、うさぎの女の子
- ●ブロードウェイのステージに立つことを夢見てダンスを練習

クッキー・アン
- ●2019年に登場した料理好きな好奇心あふれるイヌの女の子
- ●わたあめとワッフルを合わせて「わたあめワッフル」を作ったことで、ダッフィーと仲良くなった

オル・メル
- ●2020年に登場した、カメの男の子
- ●音楽が大好きで、ウクレレで弾き語りする

リーナ・ベル　新キャラ
- ●2022年に登場した、謎を解くのが大好きなキツネの女の子
- ●道に迷ったダッフィーを虫メガネでよ～く観察して、ミッキーのもとへ連れ戻してくれた
- ●ダッフィーがお礼にあげたランの花がトレードマーク

2022年11月現在、パークで会えるのはダッフィーとシェリーメイのみ!

コロナ禍以降、ダッフィー&フレンズのショー《マイ・フレンド・ダッフィー》は休止中。2022年10月現在、パーク内ではダッフィーとシェリーメイにグリーティングで会えるのみ。クッキー・アン、オル・メル、リーナ・ベルはグッズ販売だけで、これまでパーク内のショーやグリーティングに登場したことがないため、今後に期待!

グッズ発売日はスタンバイパスも即発券終了!?
ダッフィー&フレンズのグッズ&メニュー事情

グッズはどこも変わらない品揃え！アプリ上での購入も可能

ダッフィー&フレンズのグッズは下記マップの4店舗（★）でのみ販売されていますが、**品揃えはどの店舗も基本的に同じ**で、それによって混雑の分散を目論んでいるようです。グッズはアプリ上でも購入できるので、ぜひ利用を！

フードメニューは基本クックオフ！期間限定メニューを他店舗で販売も

フードメニューは基本的に《ケープコッド・クックオフ》で販売され、**スーベニア付きメニュー**もあります。リーナ・ベル関連メニューを扱う店舗が2つあるほか、期間限定メニューは他店舗で販売されることも多いので、来園のつど確認を！

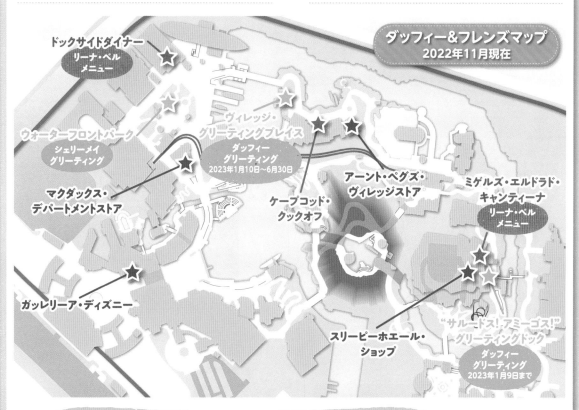

ダッフィー&フレンズマップ
2022年11月現在

ドックサイドダイナー
リーナ・ベルメニュー

ウォーターフロントパーク
シェリーメイグリーティング

マクダックス・デパートメントストア

ヴィレッジ・グリーティングプレイス
ダッフィーグリーティング
2023年1月10日〜6月30日

ケープコッド・クックオフ

アーント・ペグズ・ヴィレッジストア

ミゲルズ・エルドラド・キャンティーナ
リーナ・ベルメニュー

ガッレリーア・ディズニー

スリーピーホエール・ショップ

"サルードス！アミーゴス"グリーティングドック
ダッフィーグリーティング
2023年1月9日まで

グッズ発売日はどこもスタンバイパスが必須！午前中に発券終了するほどの混雑に

ダッフィー&フレンズは、2〜3カ月おきに新しいグッズが発売されています。ここ1年くらいは転売目的のゲストが多く、発売日は毎回"荒れる1日"となっています。**新グッズ発売日から3日ほどは、ダッフィー&フレンズのグッズ・メニューを扱う店舗はすべてスタンバイパス（P28）の対象施設**になります。しかし、そのスタンバイパスも午前中には発券終了となる状況で、早めの入園が必須！ グッズは公式アプリ上でも購入可能ですが、フードメニューのほうはレストランに入店しないと購入できません。ただし、転売対策によって徐々に状況は改善されており、2022年11月の新グッズ発売時は、余裕をもってスタンバイパスを取得し、買い物できました。混雑はしますが、入店さえできないという事態はほぼ解消されているようです。

グリーティングの裏技

メディテレーニアンハーバー
アメリカンウォーターフロント
ポート ディスカバリー
ロストリバー デルタ
アラビアンコースト
マーメイドラグーン
ミステリアスアイランド

ディズニーに来たら、ぜひ見たい！
TDSのレギュラーショー＆パレード4種

ショーの裏技

抽選制 ┃ コロナ禍 ver.で公演中

① ビッグバンドビート～ア・スペシャルトリート～

ジャズとダンスで盛り上がるレビューショー。コロナ禍に対応して、シンガーとバンドの出演がなくなり、ダンサーの数も減って、キャラメインのショーに変わりました。新たにドナルドが登場しています。**ミッキーがドラムを叩くシーン**は、このショーを象徴する最大の見せ場！　マニアに人気のあるTDSの定番ショー。

抽選制 ┃ コロナ禍以降、休止中

③ マイ・フレンド・ダッフィー

レストランで食事をしながら楽しめるダッフィー＆フレンズのショー。2つのショーを繰り返し公演しており、30分で一回り。第1部はシェリーメイ誕生の物語、第2部はジェラトーニがケープコッドを訪れる出会いの物語です。お昼時は30分以上の待ち時間になることも多いので、混雑が落ち着く15時頃を狙うのがベスト！

抽選制 ┃ コロナ禍以降、休止中

④ ソング・オブ・ミラージュ

2019年7月にスタートしたショー。黄金の都「リオ・ドラード」を探す冒険を繰り広げるショーで、**プロジェクションマッピングも使用**。コミカルなシーンも多いので、こどもにオススメ！

一部のエリア 抽選制 ┃ 待望の TDS 夜の新ハーバーショー！

N1 ビリーヴ！～シー・オブ・ドリームス～

2022年11月にスタート。約3年ぶりに公演される大規模なハーバーショーは、バージ（船）を使った**水上の演出はもちろん、ハーバー沿いの建物への映像投影も繰り広げられる最新ショー**です。人気のため、ハーバー沿いの鑑賞エリアは有料パス（P26）やエントリー受付（抽選、P28）の対象。

花火

⑤ ディズニー・ライト・ザ・ナイト → P97

抽選制 ┃ 大人もハマる病みつきダンス

② ジャンボリミッキー！レッツ・ダンス！

ドックサイドステージで公演されている**キッズ向けのダンスショー**。抽選制ですが、屋外ステージなので、周辺からも鑑賞可能！　夏は閉園間際にも公演！

TDSの過去ショー好きは必見！
イベント限定のショーも公演中

ハンガーステージでは休止中の《ソング・オブ・ミラージュ》に代わり、2022年のTDS20周年、ハロウィーン、クリスマス期間に《…ウィズ・ユー》を公演。内容は**過去の人気ショーのダイジェストメドレー**で、当時を知るファンには好評、知らない人には"よくわからないショー"と、評価が二分。

ディズニー・ライト・ザ・ナイト
花火おすすめ鑑賞場所はココ!

オススメ度:★★★★☆

アラビアンコーストの空にあがる花火が見られる。見晴らしのよい場所

オススメ度:★★★★★

もっとも打ち上げ場所に近い。宮殿上にあがる花火が見られる。とにかく迫力を求めるならココ!

オススメ度:★★★★☆

アメリカンウォーターフロントを一望できるコロンビア号のデッキ。やや遠目だけど最高の見晴らし

オススメ度:★★★★☆

ソアリンの建物バックに花火があがる。美しい建物と相まってより幻想的な雰囲気に

オススメ度:★★★★☆

メディテレーニアンハーバーではもっとも鑑賞しやすい。クリスマス期間はツリー越しの花火が見られる

打ち上げ地点

※日によって微妙に変わる

ホテルミラコスタに隠れて花火が見えないエリア

オススメ度:★★★☆☆

アクアスフィア越しに花火が見られる場所。帰りがけの絶好ポイント

ショーの裏技

パークチケットを買わずに ハーバーショーが見られちゃう裏技!

TDSのハーバーショーを 眺めの良いテラスから!

ホテルミラコスタ内の一部レストランでは、テラスからTDSのハーバーショーを鑑賞できます。ホテル内のレストランなのでパークチケットがなくてもTDSのショーが見られるのが魅力!

ハーバーを見渡せる特等席

利用内容によって 入れるテラスが異なる!

2022年11月現在、ディナーかつショー公演時間に利用している場合のみ、新ショー《ビリーヴ!〜シー・オブ・ドリームス〜》を鑑賞できます。テラスに入れるのは《オチェーアノ》の利用者のみで、注文内容によって入れるテラスが異なります。**テラスAはコース料理**（15,000円前後）、**テラスBはブッフェ**（6,500円前後）の利用者が対象。**見やすいのはテラスA**。注文は当日ではなく予約時に決める必要があります。

予約は超激戦!! Dホテル宿泊者でないと厳しい

コロナ禍で開始が延期した、待ちに待った新ショーなので、ショーを鑑賞できる時間帯の予約確保は至難の業。**ディズニーホテル宿泊者の優先予約でほぼすべての枠が埋まる**ため、それ以外での予約は、しばらくの間難しそうです。逆に言えば、ディズニーホテルに宿泊したときはぜひ予約にチャレンジしたいところ。宿泊日翌日も優先予約の対象になるので、あえてパークに入園しない日の枠を確保する手もあります。

見ごたえ抜群のBBBが、コロナ禍ver.になって 帰ってきた! ① ビッグバンドビート〜ア・スペシャルトリート〜

大人なTDSを象徴するショー まずは抽選をお忘れなく!

ビッグバンドによる生演奏と生歌が魅力だった大人なショーが、コロナ禍で生演奏と生歌をやめ、ダンサーも減らした代わりに、キャラによる演出を増やして公演。**抽選に当たれば待たずに屋内でゆったりと鑑賞できる**ので、抽選をお忘れなく。

絶対食べたい！
TDS定番＆持ち歩きメニュー

キャラものは少ないけど 味で勝負のTDS名物飯！

キャラクター色の強いメニューが多くあるTDLと違って、TDSはそういったメニューがそれほど多くなく、**おいしいという評判から名物メニューとなったものが多いのが特徴！**　どれもオリジナリティある味わいです。なかでもオススメをここでご紹介します。

600円
うきわまん

23 シーサイドスナック

ハロウィーン期間には、黒＆紫のダークで怪しい色合いのうきわまんが登場することも。パッケージもハロウィーン仕様になって、イベント感あるメニューに！

ドナルドの浮き輪がモチーフ エビのプリプリ食感が美味！ギョウザドッグと並ぶ人気メニュー

500円
ユカタンソーセージドッグ

29 エクスペディション・イート

固めのパンにソーセージがぶっ刺さっている、豪快で珍しい形のホットドッグ。ギョウザドッグと並ぶTDS名物メニュー。

フランスパン風の硬めのパンにスパイシーなソーセージの相性が抜群！

揚菜に包まれた具が入った中華まん TDS不動の人気メニュー！

600円
ギョウザドッグ

38 ノーチラスギャレー

ふかふかの中華まん生地のギョウザドッグは、細長い形でボリュームたっぷり！パークフードの中では意外と高コスパなメニュー。

チュロスの常識を覆す塩気が効いたもちもち食感！

チュロス（デミグラスポテト）
500円

37 リフレッシュメント・ステーション

2019年7月からポテトチュロスがパワーアップ！もちもち食感はそのままに、チュロスの中にデミグラスソース味のひき肉がぎっしり。新型チュロスをお試しあれ！

リトルグリーンまん
400円

30 ユカタン・ベースキャンプ・グリル

見た目のかわいさ＆写真映えは抜群！食べてみるまで、何の味が入っているかわからないドキドキ感もゲーム感覚で楽しい！

ひんやり食感のもちまんじゅう！中身はカスタード、ストロベリー、チョコレート

スパイシースモークチキンレッグ

31 ロストリバークックハウス

いつも長蛇の列ができている人気メニュー。でも、レジ2台体制で進みがすごく早いので、気軽に買えるガッツリメニュー！

600円

TDL定番メニュー「スモークターキーレッグ」も《リフレスコス》で買えます

肉好きにはたまらない脂たっぷりでピリ辛ジューシー！

ここが混んでたらどこも混んでる！
TDSの空いてるレストラン

1位 ユカタン・ベース キャンプ・グリル 30

座席数がとても多く、目立たない奥地にあるので、ここがもし混んでいたらどこも混んでいると思ったほうがいいくらい空いているレストラン。

奥地の700席

2位 ケープコッド・クックオフ 20

人気のダッフィー関連メニューを販売しているので、食事時は店外まで列ができますが、レジ台数が多く、進みは速いです。

コロナ禍でショー休止中

3位 ホライズンベイ・レストラン 25

PS対象レストランの中では人気が低め。当日予約が取りやすいのはもちろん、予約なしでも短い待ち時間で入れる！

穴場の500席

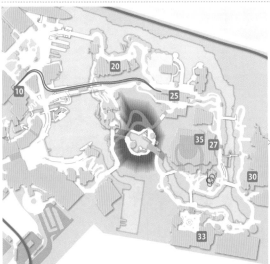

4位 カスバ・フードコート 33

席数多い870席

実質的にTDSで一番座席数が多いレストラン。レジでは少し並ぶこともありますが、席・テーブルの確保は容易。

5位 ミゲルズ・エルドラド・キャンティーナ 27

2階建て620席

入口がある2階に加え1階もある広いレストラン。ただし、レジの数が少なく、混雑日は購入まで時間がかかることも。

4位 カスバ・フードコート 33

カレー840円

お手頃メニューと言えば、840円〜のカレー！ ナンとライスも付いているので、男性でも満足できるボリュームです。

5位 セバスチャンのカリプソキッチン 35

ピザ780円

1080円のカルツォーネや780円のピザといった格安フードが揃うレストラン。サイドメニューも350円前後で充実した品揃え。

1位 ニューヨーク・デリ 10

950円のルーベン・ホットサンドは、ファンも多い人気メニュー。サンドウィッチが中心のレストランで、どれもボリュームがあり、コスパはバツグン！

サンド950円

2位 ユカタン・ベース キャンプ・グリル 30

メキシカンライスとチキンやサーモンのオーブン焼きは、セットメニューでも1450円前後と、コスパ良好。見た目以上にボリュームのあるプレートです。

セット1420円〜

3位 ケープコッド・クックオフ 20

単品800円のハンバーガーを販売。メニューのリニューアルで最近一気にコスパが悪くなったものの、セット1280円はまだお得。

バーガー800円

高いパーク飯を避ける！
コスパで選ぶレストラン

雰囲気に圧倒される TDSならではのレストラン

抜群の雰囲気の運河沿い

8 リストランテ・ディ・カナレット

ピザとパスタのイタリア料理のお店。日本最大級の石窯がある店内も素敵ですが、《ヴェネツィアン・ゴンドラ》(P77)が通り過ぎる運河沿いのテラス席はTDSで一番ロマンチックな雰囲気。夏場は暑いのですが、それ以外の時期ならテラス席がオススメです。

豪華客船内のレストラン!

19 S.S.コロンビア・ダイニングルーム

巨大な豪華客船S.S.コロンビア号の船内にあるレストラン。TDSを代表する建造物内で食事ができるというだけでもテンションが上がります。《マゼランズ》に次ぐ高級レストランですが、テーブルサービスのレストランの中ではこども連れのファミリーがもっとも利用しやすい雰囲気です。

別世界の圧倒的高級感

1 マゼランズ

TDSで最高級かつ豪華なインテリアのコース料理レストラン。ダイニングエリア中央には、ゆっくり回転する巨大な地球儀が鎮座。大航海時代をイメージした装飾が圧巻です。ワインなどのアルコールメニューも豊富で、記念日のお祝いにオススメ。

隠し扉からワインセラーに案内されることも!

素敵な空間でお酒が飲める! 通が選ぶお店はココ

TVに取り上げられる有名店

18 テディ・ルーズヴェルト・ラウンジ

Cocktail

S.S.コロンビア号の船内にあるラウンジです。バーのような落ち着いた照明の店内で大人の時間を過ごすことができます。ふかふかのソファー席やカウンター席があり、カップルにとくにオススメ。カクテルが豊富で、イベント期間限定カクテルもあります。

通が選ぶラウンジはココ!

2 マゼランズ・ラウンジ

コロナ禍以降休止中

Wine

TDS最高級のレストラン《マゼランズ》の2階にあり、豪華な内装に囲まれ、巨大な地球儀を見下ろしながらお酒を味わえます。こちらは穴場スポットでいつも空いています。豊富なカクテルに加えて、ウイスキーやワインも充実しているのが特徴です。

TDSのビアガーデン!

15 バーナクル・ビルズ

13 レストラン櫻 テラス席

Beer

〈アメリカンウォーターフロント〉港の桟橋エリアで、景色を眺めながらビールを味わえるTDSのビアガーデン。櫻のテラス席では、ボリュームあるオリジナルメニューも販売。

最近は期間限定カクテルも変わり種が多くて人気!

各イベント期間には限定のアルコールメニューも販売されます。以前はビアカクテルばかりでしたが、現在ではワインや珍しいカクテルが登場するようになり、バラエティ豊かに。公式サイトで、事前に要チェック。

TDL名物ターキーレッグが TDSでも食べられる！ 3 リフレスコス

TDLだけじゃない！ 大ボリュームの骨付き肉

TDLでは定番の人気メニュー、スモークターキーレッグを、TDSでも食べられます。火山のふもとにある要塞内の店舗で販売されていて、**ハーバーショーの待ち時間にも買いやすく**、便利。

TDSならではの楽しみ方 お酒と一緒に食べられる！

この店舗では**生ビールも販売**しています。スモークターキーレッグはお酒との相性も抜群なので、ビール片手に骨付き肉にかぶりつくというTDSならではの楽しみ方もできます。

期間限定のカクテルが 販売されることも！

カナレットではバラの香りの スプマンテが絶品！
8 リストランテ・ディ・カナレット

かなり甘口の レアなスパークリングワイン

カナレットでは一般には流通していないバラの香りのワイン、**モスカート・ペタロ**を飲むことができます。かなり甘口のスプマンテで、女性に人気あり。ぜひ味わってみてください。

趣向を凝らした 期間限定カクテルが 続々登場！

ビアカクテルだけじゃない！ ワインベースなど種類が充実

TDSの期間限定カクテルと言うと、以前はさまざまなフレーバーのビアカクテルばかりでしたが、最近は**ワインベースのものや珍しいカクテル類も登場**していて、大充実しています！

公式サイトの レストランページで カクテル特集をチェック！

漂う香りがたまらない！
ガーリックシュリンプ味のポップコーン

TDLとTDSそれぞれでしか買えないオリジナルの味がある

TDLとTDSのそれぞれのパークでしか買えない味のポップコーンがあります。とくにTDSには、お酒に合いそうなしょっぱい系があり、近年は斬新なものもしばしば登場しています。

TDSならではのお酒に合うしょっぱい系ポップコーン

TDSのしょっぱい系ポップコーンは、近年入れ替わりが激しく、この数年だけでも話題になった新フレーバー麻辣（マーラー）や復活に沸い

たブラックペッパーがありました。

現在は、**ガーリックシュリンプ**が販売されており、ワゴン周辺には食欲をそそるたまらない香りが漂っています。お酒との相性も抜群で、**TDSに行ったらぜひ食べてほしい逸品です！**

TDSで空いている販売場所はアメフロと奥地の2カ所！

TDSはポップコーンワゴンの数が少ないため、とくに混雑します。休日ともなると10分以上並ぶことも珍しくありませんが、リバティ・ランディング・ダイナー前とハンガーステージ横のワゴンが空いています。とくに後者は定番フレーバーのソルト味で重宝します。

ドックサイドステージ前
ガーリックシュリンプ

空いてる！

イチオシ！
TDS限定

ケープコッド・クックオフ前
ミルクチョコレート

リバティ・ランディング・
ダイナー前
抹茶ホワイトチョコ

アクアトピア横
しょうゆバター

常に空いてて
オススメ！

リドアイル前
キャラメル

ハンガーステージ横
ソルト

空いてる！

シータートル・
スーヴェニア前
キャラメル

スカットルのスクーター前
抹茶ホワイトチョコ

ポップコーンは
ワゴン内で
継ぎ足されるので
朝より夜のほうが
味が濃い！

ヴィア・デッレ・ヴィティ
ブラックペッパー

アラビアンコースト前
カレー

※ 2022年11月現在。ポップコーンの味（フレーバー）は変更されることがあるので、お出かけ直前に公式サイトでご確認ください。

フィギュアがもらえる超人気ゲーム店がリニューアル!

㉗ アブーズ・バザール

ボールを使ったゲームに挑戦!成功するとフィギュアがもらえる

1ゲーム700円で、ボールを使ったゲームにチャレンジできるお店。成功するとBIGサイズのフィギュア2種類のうちひとつが、失敗してもピンバッジ5種類のうちひとつがもらえます。

スタンバイパスの対象施設!入園したら、まずパス取得を忘れずに!

この施設は「スタンバイパス」(P28)を取得しないと利用できません。入園したら、まず公式アプリでパス取得を! パスがある分、待ち時間は比較的短くてすみます。

ルール
- チャンスは4球!
- キャストの合図で全員一斉にボールを転がす
- ボールが3つの穴のどれかに入れば成功!

成功のカギ 🔑
1. 発射台の一番上から転がす
2. 1球めはまっすぐに転がし、どちらに曲がるか確かめる
3. 2球め以降は②を参考に左右にずらす

難易度 激ムズ 運要素が強い

定期的に段差が微調整されるのでボールの動きも変わる!

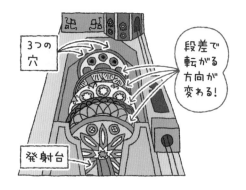

3つの穴

段差で転がる方向が変わる!

発射台

夕方以降、鍛冶屋の魔人が現れる不思議な炉がある!

㉘ アグラバーマーケットプレイス

TDSで唯一ガラス製品を扱うアグラバーマーケットプレイス

宮殿そばにある、『アラジン』関連のグッズやジーニーにちなんだマジックグッズを扱うお店。店内にはエキゾチックな雰囲気が漂い、ガラス製品がより幻想的に見えます。

お店すぐそばの炉には出たり消えたりする魔人が

お店のそば、宮殿と市場の間にある炉には、夕方以降になると鍛冶屋の魔人が浮かびあがります。カンカンと鉄を叩く音がするので、炉の中をよ〜くチェックしてみてくださいね!

思い出になる切り絵アートが約10分で完成!

㉜ スリーピーホエール・ショップ横

最大4名OKの実演アート1人約1,000円

クジラのショップ脇で、横顔の切り絵であるシルエットアートが作れます。フレームはミッキー型(1,300円)が人気。TDS限定カリカチュア(似顔絵)はコロナ以降、休止中。

キャラの横顔も加えることが可能!イベント限定台紙も!

シルエットアート

東京ディズニーリゾート

どう進める!?
TDR プラン作り

STEP
① 行く日を決めよう!

時期・曜日によって混み具合は激変!

空いている日に行けば、それだけで満足度が大幅UP!

混雑具合を確認してまずは行く日を決めよう! ➡P23〜

STEP
② パークチケット&ホテルの確保

まずはパークチケットを購入!宿泊するなら、

人気アトラクションもラクラク乗れる

特典付きのディズニーホテル! ➡P18〜

STEP
③ 公式アプリのDL&情報収集

今のパークは公式アプリが必須!

アトラクションのパスやショー抽選を知っておこう! ➡P26〜

季節イベントやメニューのチェックも忘れずに。

ホテルやレストランは予約開始日にアタック！
3カ月前からの準備スケジュール

11:00

ディズニーホテル客室の予約開始 P18-19参照

予約開始時に瞬殺で完売続出！

3カ月前

10:00

ホテル内レストラン予約開始

予約開始が早いので、比較的予約が取りやすい傾向。とはいえ、土日は埋まりやすいので、注意！

10:00

パーク内レストラン予約開始

11〜13時、17〜19時はすぐ埋まります。土日はさらに熾烈！

2カ月前

14:00

パークチケット販売開始 P20-21参照

最近、完売はあまりありませんが、連休中日の1デーなど、混雑日の人気チケットは**売り切れ注意**！

1カ月前

10:00

シェフ・ミッキー予約開始

《ディズニーアンバサダーホテル》内のミッキーと写真撮影ができるレストランは、超人気で予約も激戦！

10:00

ガイドツアー予約開始 P117参照

《美女と野獣…》(P8)、《ソアリン…》(P78)に絶対行きたい人に、オススメ！

2週間前

ディズニーホテルキャンセル拾い最大のチャンス

2週間前からキャンセル料が発生するため、このタイミングでキャンセルする人が一番多い。逆にこれ以降は、ほとんどキャンセルが出ないので、最後のチャンス。

前日 20:59

20:59

ホテル内レストラン申し込み期限

直前にキャンセルする人も多いので、ギリギリまでキャンセル拾いを狙おう。

レストラン予約は当日枠もあります！

オンラインで9時から、店頭で10時から、当日受付あり。当日枠が確保されているので、事前の予約で満席でも、ここでまた予約が取れる可能性アリ！

当日

雨の予報が出ると、キャンセルが出やすい

同日がない場合は？

どの予約開始日も「利用日の〇カ月前の同日」という表記ですが、同日がない場合は翌月1日になります。例えば、8月31日の2カ月前の同日＝6月31日は存在しないので、7月1日。

ディズニーホテル宿泊者は優先枠あり！

公式サイトでディズニーホテルを予約すると、レストランやガイドツアーには専用の優先枠が設けられており、通常予約が満杯でも予約できる場合あり。公式サイトの「予約・購入サイト」→「トラベルバッグ」(PC)／「予約・購入履歴」(スマホ)で、予約を紐づけて追加OK。

予約は開始同時のアクセスが鉄則！

予約テクニックはP30

もう迷わない！ 用途別TDRオフィシャルホテル

ディズニーリゾートラインのベイサイド・ステーション（TDLとTDSの間）
周辺にある6つのオフィシャルホテル。
TDR内にあるアクセス抜群のホテルの選び方を用途別に教えます！

オススメ！ 安さで選ぶなら

東京ベイ浜ホテル ファーストリゾート

オフィシャルホテルの中で頭ひとつ抜けた安さ。2022年に総料理長が変わり、料理もおいしくなった。安さ重視なら間違いなくここ！

圧倒的に広い客室

ホテルオークラ東京ベイ

全客室が40㎡を超えていて、圧倒的な広さをもつのがホテルオークラ。料理も絶品で、ぜいたくに過ごしたいなら間違いなくここ！

2020年5月開業！

グランドニッコー 東京ベイ 舞浜

2020年4月に営業を終了した〈東京ベイ舞浜ホテル クラブリゾート〉の跡地に、建物もそのままで開業した新ホテル。ホテルオークラ系列。

全室バス・トイレ別

東京ベイ舞浜ホテル

オフィシャルホテルの中で、このホテルだけが唯一、全室バス・トイレ別。洗い場があるので、こどもがいるファミリーには、とくにオススメ。

カップル向け客室

ヒルトン東京ベイ

セレブリオというカップル向けのラグジュアリーな客室は、高層階で景色を堪能しながらぜいたくな気分を味わうことができ人気。

ホテルライフ満喫

シェラトン・グランデ・トーキョーベイ・ホテル

オフィシャルホテル最大の広さをもつシェラトンは、プールやレクリエーション施設が圧倒的に充実しています。ホテルで遊ぶならここ！

TDR周辺で安くてオススメなのは 京葉線 潮見駅のホテル

安さにこだわるなら舞浜から3駅 潮見のリブマックスを狙え！

直営・提携ホテルじゃなくてもいいから、とにかく安い宿に泊まりたい！という方にオススメなのが、**舞浜から3駅（9分）の潮見にある「ホテルリブマックス東京潮見駅前」**。駅前のたいへん便利な立地ながら、休日でも12,000円前後、平日なら7,500円と、**コスパ抜群**です。

舞浜周辺なら、安い「変なホテル」か アクセス良好＆天然温泉の宿か

舞浜周辺だと、ハウステンボスでも有名なロボットが接客する**「変なホテル」**がお手軽。しかし、パークまでのアクセスが悪く、車で来園する人向け。TDSすぐそばの**「ホテル舞浜ユーラシア」**は、料金こそ高いものの天然温泉がある変わり種。舞浜駅からシャトルバスも出ています。

舞浜から離れた駅のホテルは とにかく立地を重視しよう！

周辺ホテルでは、葛西臨海公園（舞浜から1駅）にもっとも安いホテルがありますが、駅まで遠く、とくに電車利用者には不便。価格ばかりでなく立地も重視すると、**舞浜から2駅（6分）の市川塩浜にある「CVS・BAY HOTEL」**も、駅からわずか徒歩1分の場所にあり、価格も抑えめでオススメです。

これ以外の舞浜周辺ホテルはコスパ悪し！
素直に提携ホテルに泊まるのが吉

レストランの事前予約を逃しても当日枠もあるのであきらめない!

事前予約で満席だったとしても別枠で当日受付分の用意あり!

パーク内レストランの予約（PS）は、前日までの受付が満席でも、別枠として当日枠が用意されています。当日予約は**オンラインで午前9時から、店頭で午前10時から**、それぞれ受付開始。事前に予約の確保ができなかったときや、急にパークに行くことになったときは活用しましょう。

**当日受付は
忘れずトライすれば
競争率も低く
チャンス!**

午前9時を絶対逃さないように!前日までのブックマークも必須

オンライン予約開始の9時はすでにパーク内にいたり、開園時間だったりする忙しい時間帯ですが、**前日までに、日にち・人数・予約したい店舗の条件を入れた検索結果をブックマーク**しておけば、直アクセスで超有利。ページを開く回数も減るので、予約争奪戦の勝率もアップします。

当日に並んでの利用ができるケースも!現地のキャストに聞いてみよう

事前予約制でも、当日に並んで利用できるレストランもあります。もちろん予約している人が優先されますが、とくに**空いている時間帯（14〜16時頃）は意外と待たずに利用できる**こともあるので、どうしても行きたいレストランがあるときは当日に現地でキャストに聞いてみよう!

レストランが空いている時間帯は10時台と16時台

レストランの混雑は意外な盲点休日は20分以上待ちも珍しくない

ここ数年、パーク内のレストランは混雑し、休日は20分以上待つこともあります。そこで重要なのが、ピークになる時間帯を大きく外して食事をとること。平日でも土日でも、お昼なら11〜13時、夕飯なら17〜18時台は混雑するので、時間を早めて**10時台と16時台**を狙いましょう。

**食事がおいしい
オフィシャルホテル泊なら
パークで食べないという
選択もアリ**

営業終了を考えて、夕飯は早めに!持ち歩きフードも活用しよう

夜は**18時か18時30分で営業終了**となるレストランがほとんどなので、夕飯は遅くにずらすよりも、早くにずらすほうが得策。ワゴン系は遅くまで営業しているので、夜におなかが空いたら持ち歩きフードを活用するのもひとつの手です! 持ち歩きフードのイベントメニューもあります。

ただし、時間限定メニューがあると思わぬ混雑になるので注意しよう!

最近、午後の空く時間帯の集客策として、時間限定のデザートセットやドリンクの販売が増えています。魅力的なメニューが「限定」で出るので、その時間帯は大混雑することも。**お目当てのレストランが時間限定メニューを出しているかチェック**していれば、混雑する時間帯を避けられます。

ポップコーンは好きなバケットに
好きな味を後から入れてもらえる!

ポップコーンワゴン以外にも
バケットを販売している店舗あり

パークのポップコーンワゴンでは、ポップコーンバケットを販売しており、ワゴンによって味もバケットも種類が異なります。また、最近はポップコーンワゴン以外でもバケットを販売しているので、どこにどんなバケットがあるか最新の情報を公式サイトでチェックしましょう。

欲しいバケット＋好みの味が
手に入る買い方もある!

欲しいバケットがあるワゴンで売っている味が好みじゃないときは、中身は入れてもらわずに**ポップコーン引換券**をもらい、他のワゴンで好きな味を入れることも可能!ただし、混雑日には**ポップコーンの購入に15分以上かかることもある**ので、引換券を使う場合は要注意。

> とくにキャラメル味は
> 混雑するので
> 引換時の待ち時間も
> 考慮しよう!

レギュラーボックスにも蓋付きの
専用バケットが販売されている!

バケットはかさばるからちょっと……という人にオススメが、**数種類のレギュラーボックス用バケット**。紙パッケージのレギュラーボックスは蓋がないので、アトラクションの利用時に困りますよね。専用バケットなら**クッション性のあるビニール素材でかさばらず**、蓋付きで機能性抜群!

パークチケット不要で
キャラに会えるレストランがある!

超人気のキャラクターダイニング
ホテル内の《シェフ・ミッキー》

〈ディズニーアンバサダーホテル〉内にある『シェフ・ミッキー』では、ミッキーとフォトロケーションで記念撮影ができます。**ホテル内＝パークチケットは不要**で、TDR唯一のキャラクターダイニングとして超人気、このためだけにTDRに訪れる人もいるくらいです。

予約も激戦! シェフミのために
ホテルに泊まる人も多い!

コロナ禍以降、登場キャラクターは**ミッキーのみ**。予約必須で、人気のため超激戦。ホテル宿泊者枠（P19）でほとんど予約が埋まることも。**朝食はホテル宿泊者限定**（チェックイン日を除く）で、15分前入園や開園時間からのパーク入場が難しくなるとしても、行く価値があります。

> コロナ禍前は
> ミニー、ドナルド、
> デイジーも登場!
> 復活に期待!

	時間	大人	7～12歳	4～6歳
ブレックファスト※	7:30～10:00	3,900円	2,500円	1,800円
ランチ 平日	11:30～14:30 80分制	5,100円	3,000円	1,900円
ランチ 土日祝	11:30～14:30 80分制	5,300円	3,200円	2,100円
ディナー 平日	16:30～21:00 90分制	5,600円	3,500円	2,400円
ディナー 土日祝	16:30～21:00 90分制	5,800円	3,700円	2,600円

※ ディズニーアンバサダーホテル宿泊者限定（チェックイン日を除く）

ペットボトルの自動販売機は
TDLに9ヵ所、TDSに4ヵ所ある

知っていると便利！
1本200円のペットボトル

TDL・TDSにはペットボトルを1本200円で販売する自動販売機が設置されています。**TDSには2020年に初めて設置された**ため、まだ4ヵ所のみですが、徐々に設置場所が増えています。

パーク限定のキャラ入りラベル！
支払いには電子マネーも使える！

キリンとコカ・コーラ製品のラインナップで、ラベルはパーク限定！ **キャラクターが描かれたレア感あるデザイン**です。一部の自販機を除き、支払いにiDや交通系ICカードも使用できます。

東京ディズニーランドは9ヵ所

グーフィーの
ガスステーション前

トムソーヤ島内にも！
※いかだに乗る必要あり

蒸気船
マークトウェイン号
乗り場前

ベイマックスの
ハッピーライド前にも！

プラズマ・レイズ・
ダイナー前

アリスの雰囲気に
合わせた
ティーポット型！

近未来の
ロボット型

自動販売機

「痛くない歯医者」
の軒下にある
一番目立たない
自販機！

隠れ家的
自販機！

設置場所が少ないので、
飲み物が欲しいときは
お早めに！

雰囲気に合った
シンプルな
デザイン！

東京ディズニーシーは4ヵ所

タワー・オブ・テラー前

ミッキー＆フレンズ・
グリーティングトレイル横

アラビアンコースト

メディテレーニアンハーバー

時期別! パークに行くときに あるとよい持ち物!

マスト! 1年中必要なもの

マスク

財布

ウェットティッシュ

ポップコーンなど持ち歩きフードで役立つ

モバイルバッテリー

スマートフォン

タオル

レジャーシート

スマホアプリ必須の今のパークでは絶対必要!

折り畳み傘

カメラ、ビデオ

春&秋

夕方以降は一気に冷え込んで寒くなる

羽織れる長袖

日焼け止め

サングラス

この時期にも意外と焼ける。1日外にいるパークでは必須。

冬

TDRは海沿いなので風対策が重要! 首元や耳を守れるアイテムを

マフラー、帽子

カイロ

貼るカイロ、持つカイロ、どっちも多めに持って損はなし

ブランケット

ショー・パレード待ちをするなら、あると嬉しい

夏

バッグが丸ごと入るビニール袋

夏イベントの散水ショーは、バッグも完全水没するほどの水量! ないと悲惨

大きめのタオル

レインコート or 着替え

夏イベント鑑賞用。レインコートは雨対策としても役立つ

サングラス

日焼け止め

パーク内でいつでも借りられる
モバイルバッテリースタンドが登場！

アプリが使えない（-_-;）を防げ！
スマホのバッテリー問題

公式アプリなどを使う機会が多く、今やパークではスマホが必須です。ただし、アプリはGPS等も使用するため、バッテリーをかなり消費します。**バッテリー切れになると取得したパスが表示できなくなるなど一大事**なので、モバイルバッテリーレンタルサービスを活用して防ぎましょう。

パーク内外の複数箇所にある
レンタルスタンドへ！

パークではモバイルバッテリーシェアリングサービス『ChargeSPOT』が利用できます。**専用アプリをインストール**し、**複数あるレンタルスタンドで手続き**をすると、いつでもレンタルできます。返却は、どこのスタンドでも空きスロットさえあればOKなので便利！

マップ機能はGPSを使うので、バッテリーが思いのほか減る！

返却はパーク外の『ChargeSPOT』バッテリースタンドでもOK！

レンタル料金表

1時間未満	180 円
1時間以上〜2時間未満	360 円
2時間以上〜3時間未満	540 円
3時間以上〜4時間未満	720 円
4時間以上〜48時間未満	900 円

※TDR内のレンタル料金は、通常の『ChargeSPOT』の料金形態とは異なります。

ショップのお土産袋も有料化で1枚20円
グッズにエコバッグも登場！

ビニール袋は1枚20円
サイズはLとMの2種類！

ビニール袋の有料化に伴い、TDRでもビニール袋は1枚20円での販売となっています。ショップでお土産を購入する際、レジでビニール袋も購入するか聞かれます。サイズはLとMの2種類しかなく、**Mでもかなり大きめの作り**。お菓子缶1つ入れるくらいだと、大きすぎると感じるサイズです。

アプリでグッズを購入する場合も
5枚セットの袋を購入可能！

パーク入園者は、当日23：45まで公式アプリでのグッズ購入が可能で（P119）、そこでは「お買い物袋　L1枚M4枚」の5枚セットが販売されています。誰かにお土産を渡す際などに便利なので、忘れずに一緒に購入しましょう！　丈夫で質のよい袋なので、日常生活でも役立ちます。

グッズにエコバッグも登場！
普段使いもできて人気！

2021年以降、パークグッズにも数種類のエコバッグが登場しています。2022年11月時点では大きさの違う2種類のものがあり、値段は900円と1400円。**東京ディズニーリゾート柄で、コンパクトに折りたためる**ので、普段使いもできる人気グッズです！カプセルトイ（P120）にもエコバッグが登場し、こちらも人気があります。

エコバッグのカプセルトイは1回400円で4種類の中からランダム排出！

グッズのエコバッグ♪
小さくたためる
900円
TOKYO
1400円

パーク内で困ったとき、どうする!? シチュエーション別、解決法!

シチュエーション ① 体調が悪くなってしまったら…

もし気分が悪くなったり、ケガをしたりしたときは、近くのキャストに声をかけましょう。**パーク内には救護室がある**ので、自力で向かうことができるなら、TDLは《カリブの海賊》（P41）横、TDSは《カフェ・ポルトフィーノ》横にある救護室へ（綴じ込みマップH参照）。

シチュエーション ② 子どもが迷子になってしまった!

近くのキャストに声をかけ、**迷子センター**へ行きましょう（綴じ込みマップE参照）。パークの内外と連絡をとり、探してくれます。自分で名前を言えない子どもの場合、迷子になったときに備えて「迷子シール」（P118）を受け取って貼り付けておくと安心です。

シチュエーション ③ 落とし物をしてしまった!

パーク内で落とした物は、**小さな物でも見つかることが多い**です（筆者クロロも助けられた経験多数）！ TDLはメインストリート・ハウス、TDSはゲストリレーションに行きましょう（綴じ込みマップA参照）。パークを退園後に気付いた場合は、**公式サイトの遺失物登録フォーム**に登録を。

シチュエーション ④ 現金が足りなくなってしまった!

パーク内には三井住友銀行のATMが設置されており（綴じ込みマップD参照）、現金を引き出すことができます。TDLには平日9〜15時に営業している窓口もあります。ここでは**「東京ディズニーランド出張所」という支店名**の口座を開設することもできます！

パーク内でのキャッシュレス決済も徐々に拡大! ただし、QRコード決済は利用不可

利用できるキャッシュレス決済は4種 ○○ペイなど QR コード決済は不可

コロナ禍以降、パーク内でもキャッシュレス決済が推奨されていますが、利用できる決済方法は下記4種類のみ。利用者が多いスマホQRコード決済は利用できません。**クレジットカードは、パークチケットや有料パス、グッズの購入等、公式アプリ上での決済でも役立ち**ます。

電子マネーは上限金額に注意 パーク内ではチャージできません

電子マネーはショップ、レストランおよび一部のサービス施設で利用できます。パーク内ではチャージできる場所がありません。また、**QUICPay、iD、交通系ICは、1回の会計につき2万円まで**しか利用できないため、レストランで金額の高いコース料理等を注文する場合はご注意を。

利用できるキャッシュレス決済
- クレジットカード
- デビットカード
- プリペイドカード
- 電子マネー
  （QUICPay／QUICPay+、iD、交通系IC）

スマホでの
QRコード決済
（○○ペイなど）は
使えない!

ディズニー行くのに予算はいくら？
3パターンで徹底分析！

予算

日帰りTDS

友達 or カップル
（2人、横浜駅から電車で）

横浜駅⟷舞浜駅
大人往復 ················ 1,460円×2

2,920円

TDS 1デーパスポート
大人（土曜日） ············ 9,400円×2

18,800円

ニューヨーク・デリ（セットメニュー）
マイルハイ・デリ・サンド ········ 1,570円
ルーベン・ホットサンド ········· 1,430円

3,000円

ノーチラスギャレー
ギョウザドッグ ·············· 600円
オープンセサミ
チュロス ················· 500円

1,100円

チョコレートクランチ ··········· 800円
ファンキャップ ··········· 2,900円×2
フェイスタオル ············ 1,600円
ボールペン6本セット ········· 1,600円

9,800円

リストランテ・ディ・カナレット
シェフのおすすめセット ······· 3,500円×2

7,000円

2人で 4万2,620円

有料パス（P26）を使うなら+1人2,000円

交通費

パークチケット

ランチ

おやつ

おみやげ

ディナー

合計金額

日帰りTDL

首都圏ファミリー
（大人2、こども2、埼玉県から車）

浦和⟷浦安
高速往復（普通車ETC） ········ 3,320円
TDL駐車場（普通車土日祝） ····· 3,000円

6,320円

TDL 1デーパスポート
大人（土曜日） ············ 9,400円×2
小人（土曜日） ············ 5,600円×2

30,000円

ハングリーベア・レストラン
ハングリーベア・カレー ········ 1,200円
チキンカレー ············· 900円×2
リトルハングリーベア・セット ······ 780円
ソフトドリンクS ············ 300円×3

4,680円

ポップコーンワゴン
レギュラーボックス ··········· 400円
カウボーイ・クックハウス
スモークターキーレッグ ········· 900円

1,300円

チョコレートクランチ ··········· 800円
アソーテッド・クッキー缶 ······· 1,200円
ぬいぐるみ ··············· 3,800円
クリアホルダー4枚セット ······· 1,200円

7,000円

グランマ・サラのキッチン（セットメニュー）
オムライス・シーフードクリームとカニトマトソース ···· 1,580円
オムライス・フライドチキンと鶏そぼろ ···· 1,480円×2
お子様セット ·············· 940円

5,480円

4人で 5万4,780円

日帰りなら1人2万円が目安
月1700円貯金すれば年1回行ける！

　2人やファミリーで日帰りの場合、だいたい1人2万円が予算の目安です。**月1700円（4人ファミリーなら約4500円でOK）**の貯金で、年に1回は行ける計算。そう考えると、TDRが身近に感じられま

せんか？　予算で削れるところはおみやげと食事。逆におみやげは、ファンキャップ、カチューシャ、Tシャツといったアパレルを買うと、一気に金額が増えます。また、宿泊費は高いので、もし泊まりがけで行く場合は合計金額が、**平日だと1.5倍**、金土など**休前日は2倍**程度になります。

ディズニーホテル宿泊で、贅沢に楽しむTDL&TDS　2デイズ!

遠方ファミリー
（大人2、こども2、大阪府から新幹線）

交通費

新大阪⟷舞浜（新幹線指定席）
大人往復······························· 29,880円×2
こども往復························· 14,920円×2
ホテル⟷パーク間は、無料シャトルバス

89,600円

パークチケット

1デーパスポート
大人（土曜日）························ 9,400円×2
小人（土曜日）························ 5,600円×2
大人（日曜日）························ 8,900円×2
小人（日曜日）························ 5,300円×2

58,400円

ランチ

1日目 TDS
カスバ・フードコート
ビーフカリー······························· 1,100円
ベジタブルカリー·························· 840円
チキンカリー······················· 900円×2
ソフトドリンクS··················· 300円×4

2日目 TDL
ヒューイ・デューイ・ルーイの
グッドタイム・カフェ（セットメニュー）
グローブシェイプ・
エッグチキンパオ····················· 1,080円
グローブシェイプ・エビカツパオ···· 1,080円×2
ミッキーピザ···························· 1,230円

9,410円

ディナー

1日目 TDS
カフェ・ポルトフィーノ
リングイネ····························· 1,280円×2
グラタンブレッド····················· 1,390円
お子様セット······························ 940円
ソフトドリンク······················· 320円×2
クラフトビール·························· 880円

2日目 TDL
センターストリート・コーヒーハウス
カレープレート······················· 1,580円×2
コンビプレート························· 1,980円
お子様セット···························· 1,200円
ソフトドリンク······················· 340円×3

13,770円

おみやげ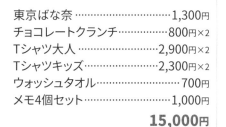

東京ばな奈································ 1,300円
チョコレートクランチ··············· 800円×2
Tシャツ大人······················· 2,900円×2
Tシャツキッズ··················· 2,300円×2
ウォッシュタオル························ 700円
メモ4個セット························· 1,000円

15,000円

おやつ

1日目 TDS
ポップコーンワゴン
ポップコーン バケット付き······· 2,600円
シーサイドスナック
うきわまん···························· 600円×2

2日目 TDL
ポップコーンワゴン
リフィル································· 600円
パン・ギャラクティック・ピザ・ポート
リトルグリーンまん················· 400円×2

5,200円

宿泊費

ディズニーアンバサダーホテル
スタンダードフロア スーペリアルーム
（平均的価格の金土2泊1室）············

97,770円

合計金額　4人で　28万9,150円

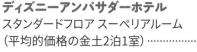

約15万円に抑えることもできる!
❶車移動で約7.5万円マイナス
❷オフィシャルホテル泊で約5万円マイナス

遠方から2パークを楽しむなら交通費と宿泊費で大きく変わる!

　遠方から来て、泊まりがけで2パークを楽しむ場合、とにかく交通費と宿泊費をいかに安くできるかで、合計金額が大きく変わります。とくに交通費は安くする手段が乏しいため、自家用車以外の交通手段を選ぶと一気に合計金額が跳ね上がります。宿泊費は、上記のシミュレーションだと金土曜という、もっとも料金が高い休前日で計算しているので、**平日の宿泊**や、**オフィシャルホテルあるいは周辺格安ホテル（P107）に宿泊**することで、グッと抑えることができます。

雨だとショー中止？ アトラクも止まる？
天気の疑問に答えます

ショー、パレード、グリーティングは基本的に中止になる

ショーによって雨に強い・弱いがありますが、基本的に**地面が濡れて滑るような状態**だと屋外のショーやパレードは中止になります。雨が強くなければ雨バージョンのショーやパレードを実施することもあります。また、グリーティングは屋根があるもの以外は、少しでも降れば中止になります。

アトラクションは基本的に動く！雷雨や台風時は停止することも

屋外のアトラクションは、雨の日でも基本的に運営されています。台風クラスの豪雨にならないかぎり止まることはまずないと思って大丈夫。ただし、ゲリラ雷雨のように雷を伴う激しい雨の場合は、**パーク全体に屋内退避指示が発令され**、多くのアトラクションが停止することもあります。

めったにない積もるほどの大雪だとほとんどのアトラクが停止！

花火は雨に強い！雨の日限定要素も見逃すな！

基本的に毎晩公演されている夜の花火（P61、97）は、**風さえなければ雨でも中止になりません**。また、雨の日はTDLで雨の日限定パレード（P58）があったり、ゲームに挑戦できるショップ（P67、104）で失敗時の**景品に雨の日限定のもの**が追加されたりと、ちょっとお得なこともあります。

天気だけじゃない！ 風と高気温もショーやアトラクに影響あり！

強風の場合

風速10m前後
➡ ショーやパレードの内容変更

風速15m前後
➡ ショーやパレード中止
➡ 一部のアトラクション停止

ショーやパレードは風の強さに応じて内容が一部変更（一部シーンのカット、花火演出のカット、ダンサーのカット、パレードが停止せずに通過など）や中止になります。

風の影響を受けやすいアトラクション	
TDL	P44 トムソーヤ島いかだ P44 蒸気船マークトウェイン号 P46 ビーバーブラザーズのカヌー探検
TDS	P77 ヴェネツィアン・ゴンドラ

高気温の場合

30℃を超えると
➡ ショーやパレードの内容変更や中止
➡ グリーティングが短時間に

梅雨明け後9月までは、高気温の影響あり。夏イベントの散水ショーであっても、気温が高いと短縮バージョンになるなどの影響が出てきます。フリーグリーティング（時間や場所が公開されておらず、突発的にキャラクターが登場するもの）は、短時間の登場もしくは中止になることも。逆に、低気温で凍結の可能性がある場合、《スプラッシュ・マウンテン》（P45）は休止することがあります。

新アトラクションやイベントは
スタート前に体験できることも！

アトラクションのオープン直前に
テスト運営が実施されることも！

　アトラクションやショーなどが、テスト運営等のためにスタート日より前に稼働することを"スニーク"と呼びます。事前の告知なく行なわれ、当日にその場所に行かないと実施の有無がわかりません。**平日や休日などに関係なく、1〜2週間前に実施**されることが多いです。オープン後より空いているので、体験できたらラッキー！

イベントは前日にプレビュー実施
プレスエリアで鑑賞場所は限られる

　近年は季節イベントでも、**正式スタート前日にショーなどのプレビュー公演**があります。ほとんどの場合、プレス向けのプレビューが目的なので、取材用のプレスエリアが大きく作られます。ショー鑑賞エリアのよい場所もほとんどがプレスエリアになるので、一般ゲストの鑑賞場所は限られますが、一足早くショーを見ることができます。

施設名・ショー名など	スニーク日	正式スタート日
TDS《トイ・ストーリー・マニア！》(P81)	2012年6月26日〜7月3日	2012年7月9日
TDS《ニモ＆フレンズ・シーライダー》(P85)	2017年4月27日〜5月7日	2017年5月12日
TDL《ドリーミング・アップ！》(P58)	2018年4月10日〜14日	2018年4月15日
TDS《ソアリン：ファンタスティック・フライト》(P78)	2019年7月20日〜21日	2019年7月23日
TDS《ソング・オブ・ミラージュ》(P96)	2019年7月20日〜22日	2019年7月23日
TDL 新エリア (P7〜14)	2020年9月21日〜23日	2020年9月28日
TDS《ビリーヴ！〜シー・オブ・ドリームス〜》(P2)	2022年11月7日・8日・10日	2022年11月11日

美女と野獣＆ソアリンに絶対乗れる！
満足度高めで大人にオススメなガイドツアー

超人気アトラクに確定で乗れる！
TDLとTDSのガイドツアー

　TDLの《美女と野獣…》(P8)、TDSの《ソアリン…》(P78)という両パークの超人気アトラクをテーマにしたガイドツアーが実施されています。このツアーでは**最後にアトラクションを体験できる**ので、待ち時間が長くなる混雑日はとくに利用価値のあるサービスです。

アトラクションが3倍楽しくなる！
記念品もあって、行く価値あり！

　ストーリーや設定をツアーキャストが詳しく解説してくれるので、実際に乗ったときの感動が何倍にも跳ね上がります！　参加者しか入れない通路を通れたり、記念品がもらえたりとプレミア感もあり。1人6,000円と高額ですが、**有料パスも2,000円（P26）はするので、価値あるツアー**です。

利用するには事前予約を！
1カ月前の予約開始時を忘れずに！

　ガイドツアーは、空きがあれば当日先着順での受付もありますが、まずは事前予約を。**1カ月前10:00予約開始**で、普段は余裕です。連休中日など混雑日は埋まりやすいので、予約テクを活用しましょう（P30）。ディズニーホテル宿泊者はチェックイン日の1カ月前9:00から予約でき、有利。

誕生日をお祝いしてくれるアトラクション&ショーがある!

TDL P48 アリスのティーパーティー ㉒

『ふしぎの国のアリス』でおなじみの、なんでもない日を祝うお茶会のアトラクション。バースデーシールなどで、誕生日であることと名前が外から見てわかれば、動き出した直後に名前が呼ばれ、「おめでとう」と言ってもらえます。シールはぜひ目立つところに!

TDS P77 ヴェネツィアン・ゴンドラ ①

アトラクションの終盤に、ゴンドリエのキャストが誕生日のゲストはいないかと必ず尋ねます。そこで申し出るとゴンドリエから歌でお祝いをしてもらえます。遠慮なく手を挙げましょう!

TDL ミッキーのレインボー・ルアウ

コロナ対策で休止中

さまざまな記念日をミッキーたちがダンスや歌などでお祝いをするディナーショー。

まず、ショーの序盤で、出演者が各テーブルを回り、ゲストのお祝い事を尋ねます。その後のショーの途中に、祝う人の名前とどんな記念日なのかなどを紹介し、ミッキーたちがお祝いしてくれます。

事前予約制でしかも人気が高いので、TDLでお祝いをするなら早めの予約をお忘れなく!

バースデーシールだけじゃない!? パークでもらえる3種類の貼れるシール

定番のバースデーシール 1日中たくさんのお祝いが!

キャストに声をかけるともらえるのが誕生日をお祝いするバースデーシール。ご存じの方も多い定番シールで、**誕生日の当日でなくてももらえます**。シールを洋服などに貼っておくと、気付いたキャストがお祝いの言葉をかけてくれます。1日中、自分が主役の気分になれる!

キャストに名前を伝えるとその場で書いてもらえる

初めてパークに来たら、もらおう! デビューシールは人生で一度きり

初めてパークに訪れた人向けに「**My 1st Visit**」と書かれたデビューシールがもらえます。子ども以外でも、修学旅行生や外国の方が付けているのをよく見かけます。ベビーセンターやベビーカー&車イス・レンタルのほか、TDLのメインストリート・ハウス、TDSのゲストリレーションで配布。

いざというときの不安を軽減! 子どもにつけておきたい迷子シール

自分で名前が言えない子ども向けに、**名前や連絡先を記入できる「迷子シール」**を配布しています。パークに入園したら、受け取って貼り付けておくと、迷子になったときでも連絡がつきやすくなります。迷子センターやベビーセンター、ベビーカー&車イス・レンタルなどで配布しています

買い物は公式アプリで！
事前にパーク内のグッズを検索

事前に身に付けグッズをチェックし入園したらすぐ購入！

公式アプリでは、パーク内で販売されているグッズの検索ができます。**とくに役立つのが、カチューシャやファンキャップ、Tシャツといった身に付けグッズの検索！** どんなものをどこで売っているのかが事前にわかります。

イベント期間限定品や新商品から品切れ状況までわかる！

また、ショッピングページでは、イベント期間限定のグッズや新商品など、最新のグッズ情報も知ることができます。とくに最近はイベントグッズの品切れが頻発しているのですが、**品切れも事前にチェックできるので、とても役立ちます。**

「ファッション雑貨」「アパレル・衣装品」といったジャンルからも検索できる！

アプリで1万円以上買うと自宅まで無料で配送

公式アプリでは、入園当日23:45までパーク外からでもグッズ購入が可能。アトラクションの待ち時間でも買い物ができ、時間が有効に使えます。

パーク内のほぼすべてのグッズが購入でき、自宅に配送されます。**しかも税込1万円以上の購入で送料無料！** 大きな荷物をずっと持ち歩く必要がなくなり、コインロッカー代も節約できます。

ショップで見たグッズをアプリで買うのもカンタン

実物を見てから決めたい場合も、**実店舗でグッズのバーコードを読み込ませる**だけでアプリのショッピングカートに入れられるので便利です。

グッズ掲載は発売数日前！出かける直前にもチェック！

ショッピングページには特集も

アイコンからバッグのマークを選択

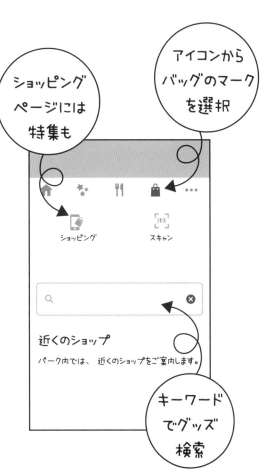

キーワードでグッズ検索

パークのガチャガチャ
カプセルトイが面白い!

何が出るかわからないガチャガチャ
イベント期間限定品もある!

パーク内ではカプセルトイを販売しています。カプセルトイとは、**カプセルの中におもちゃが入ったグッズ**で、機械から数種類のうちのどれが出てくるかわからない、いわゆるガチャガチャのこと。イベント期間限定のものが登場することもあり、発売直後は人気で行列ができます。

1個400or500円!
公式サイトにも
掲載されないひそかな
人気グッズ!

複数店舗にあるカプセルトイ
それぞれ中身が違う!

TDLでは《アドベンチャーランド・バザール》㉑、《トレジャーコメット》⑩、《ギャグファクトリー／ファイブ・アンド・ダイム》㊴の3店舗で、TDSでは《タワー・オブ・テラー・メモラビリア》⑲《マーメイドトレジャー》㉚の2店舗で販売しています。

過去にはこんなトイが!
人気で品切れになることも

中身のトイはこれまで、キャラクターのミニフィギュアなどが中心でしたが、最近は**エコバッグ**や**風呂敷**、**パークフードのミニチュア**など凝ったものが続々登場! 公式サイトやアプリには、今何を販売しているかが掲載されません。場所によって中身が違うので、現地で確認しましょう。

最高の記念グッズが届く
魔法のポストを使おう!

パーク内のポストに投函すると
メールスタンプが押されて届く!

パーク内の**各所にあるポスト**に郵便物を投函すると、その日の日付入りのメールスタンプが押され、一般郵便として郵送されます。ポストカード等と切手さえあれば、他は不要。パーク内でポストカードも切手も購入できるので、ぜひ自分宛に投函しておきましょう。

デザインはパークごとに異なる!
イベント期間は限定のスタンプも

メールスタンプはそれぞれのパーク限定のデザイン。TDLではミッキー&ミニー、TDSではプロメテウス火山をバックにした船長姿のミッキーがあしらわれています。イベント期間には期間限定デザインのスタンプが使われます。素敵なメールスタンプで日付も残せるのでよい記念になります!

パークスタンプ入りの
年賀状が出せる!

メールスタンプは、なんと年賀状にも押してもらえます! パーク内のポストに年賀扱いを明記して投函すると、「1月1日」の日付入りスタンプを押された年賀状がお正月に届きます。郵便局で年賀ハガキの受付がはじまる12月15日以降にパークに行く場合は、ぜひ使ってみて!

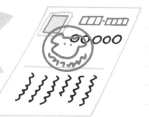

宛名を
小さめにして
スタンプを押す
スペースを作ると
GOOD!

グッズ

迷ったらコレ! 定番&人気グッズ

パーク内で販売されているグッズは4,000種類以上! 膨大なグッズの中から、ぜひ買いたい定番&人気、面白グッズをピックアップします。迷ったらこれを買おう!

季節ごとのイベント限定のグッズも人気

カチューシャ&ファンキャップ

グリでキャラが喜んでくれたり、ショーやパレードで気付いてもらえたり、より楽しめる!

キャラクターのぬいぐるみ

バッグや服につけられるぬいぐるみバッジやぬいぐるみストラップなど、形態も豊富。

手足を固定できるポージープラッシーが話題

ストラップ型から抱きしめサイズまで

TDR限定トミカ

パーク内でしか販売されていないトミカで、アトラクションや乗り物など、種類が膨大!

ホーンテッドマンション

アトラクションのライドは、大人にも人気!

メモやペンなどの文房具

ペン、メモ、クリアファイル、ノートなどのセット売りは、何人かに配りたいときにも便利。

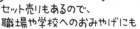

6本セット!

セット売りもあるので、職場や学校へのおみやげにも

迷った時のファーストチョイス!

ミルク、ホワイトチョコ、ストロベリーなど味の違いも

新名物のキャラメルバナナ味! 賞味期限が短いので注意

チョコレートクランチ

味だけじゃなく大きさも小さいものから大きいものまであり、最大でなんと100個入り!

東京ばな奈

TDR限定のパッケージで、ミッキーシェイプが入っているなど、レア感があるのが魅力。

アトラクションのライドショットは
スマホにダウンロードできる!

買うつもりがなくても、写真は必ずフォトキーカードに登録しておく!

「フォトキーカード」は、カメラマンが写真をカードに登録してくれて、**インターネットで閲覧・注文できるサービス**です。グリーティングやフォトロケーションでの撮影だけでなく、アトラクションのライドショットにも対応! 買うかどうかは後から決められるので、必ず登録しておこう!

1枚からダウンロード購入も可能に!台紙写真を買うより良コスパ!

パークの写真と言えば、2100円前後の台紙写真をイメージするかもしれませんが、フォトキーカードに登録した写真のダウンロード購入も可能。**3枚まで1800円で、それ以上はまとめて購入するほどお得**。スマートフォン向けのサービスで、ライドショットやグリ写真も気軽に購入できます!

公式アプリにフォトキーカード搭載パーク内の写真はアプリに登録!

公式アプリのホーム画面「マイフォト」からフォトキーカードを表示させると、カメラマンに撮ってもらった写真を登録できます。アトラクションのライドショットは、ライドを降りた付近に表示されている写真の**二次元コード**をアプリで「**スキャン**」すれば登録可能!

公式サイトにはフォトブックやポストカードなどさまざまなフォト商品あり!

パークで写真を撮るならココ!
オススメのスポット

東京ディズニーランド

❷ オムニバス →P41

パレード中はシンデレラ城前で待機。外からでも、自由に乗り込んでも撮影ができる!

㉑ キャッスルカルーセル →P48

こどもがメリーゴーランドに乗っている姿が撮れます。もちろん外から撮影が可能。

㉛ ダウンタウン・トゥーンタウン →P51

トゥーンタウンの奥、面白い仕掛けが多く、フォトスポットとしても最高の場所。

東京ディズニーシー

❶ ヴェネツィアン・ゴンドラ →P77

TDSならではの海上からの眺め。夜は暗すぎて景色orフラッシュで人のみしか映らないので注意。

❺ ビッグシティ・ヴィークル →P80

豪華な車ならパレード気分、護送車なら囚人と、車によって違った雰囲気の写真に!

⑭ ジャスミンのフライングカーペット →P87

乗車中は写真撮影不可ですが、専用の展望台から、乗っている姿を撮影可能!

通がいつも使う
空いている&大型トイレはココ!

パーク内のトイレは休日になると混雑し、とくに女性トイレは行列ができます。パークに通うマニアが使う、いつも空いているトイレをお教えします。ここ以外はもう入りたくない!

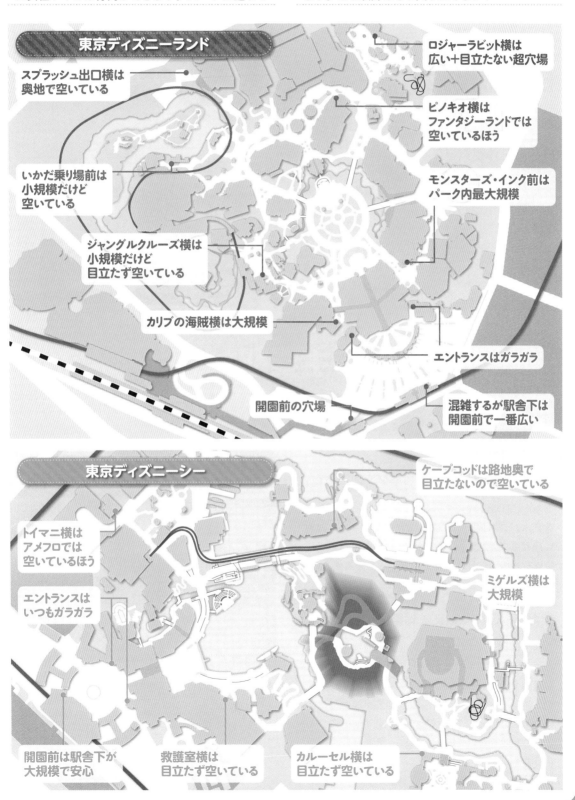

東京ディズニーランド

ロジャーラビット横は
広い+目立たない超穴場

スプラッシュ出口横は
奥地で空いている

ピノキオ横は
ファンタジーランドでは
空いているほう

いかだ乗り場前は
小規模だけど
空いている

モンスターズ・インク前は
パーク内最大規模

ジャングルクルーズ横は
小規模だけど
目立たず空いている

カリブの海賊横は大規模

エントランスはガラガラ

開園前の穴場

混雑するが駅舎下は
開園前で一番広い

東京ディズニーシー

ケープコッドは路地奥で
目立たないので空いている

トイマニ横は
アメフロでは
空いているほう

ミゲルズ横は
大規模

エントランスは
いつもガラガラ

開園前は駅舎下が
大規模で安心

救護室横は
目立たず空いている

カルーセル横は
目立たず空いている

京葉線の乗り換えは
東京駅ではなく有楽町駅で!

東京駅の乗り換えは15分もかかる!
京葉線のホームが果てしなく遠い

JR東京駅では京葉線のホームが、他の路線から遠く離れた場所にあります。そのため、東京駅で京葉線に乗り換える場合、長い距離を歩くことになり、15分ほどかかってしまいます。

品川方面からは有楽町駅で乗り換えを
京葉線の東京駅ホームがすぐ近くに!

東京駅の京葉線ホームは有楽町駅に近く、品川方面から来る場合は有楽町駅の**京橋改札**で駅員に申し出ると、精算せず改札外に出られる**乗換証明券**がもらえます。京橋口の目の前には東京国際フォーラムがあり、その地下にあるのが東京駅の京葉線ホーム。東京国際フォーラムからの階段先には改札もあるので、そこから入ればすぐにホームに行けます。東京駅で乗り換えるよりもラク。

東京国際フォーラム内を
通れるのは
7:00〜23:00のみ。
それ以外の時間帯は
JR高架下の入口へ

近郊の主要駅からは
バスで行くほうが座れてラク

電車より若干高くつくが
確実に座れて目的地までノンストップ

TDLとTDSのバスターミナルからは、近郊の駅を結ぶバスも運行しています。電車と違い、**確実に座れる**のが大きなメリットです。主要駅への料金は右表のとおりで、電車より少し高めです。

渋滞があってもバスは効率的
ただし、朝は電車を利用すべし

閉園時間近くになると、TDR周辺道路は渋滞することが頻繁にありますが、それを考慮してもなお**電車よりバスのほうがオススメ**です。閉園時間近くは電車の本数も少なく、乗り換えがあればその分時間もかかるので、バスのほうが効率的に目的地までたどり着けます。ただし、開園時間に間に合うようにパークに到着したい場合は、渋滞で遅れる可能性があるバスよりも、**電車のほうが確実**。

バス料金の目安

	大人	小人
成田空港	1,900円	950円
羽田空港	1,000円	500円
東京駅　秋葉原駅	730円	370円
東京スカイツリータウン 錦糸町駅	800円	400円
新宿駅	1,000円	500円
川崎駅	1,300円	650円
横浜駅	1,350円	680円
大宮駅	1,400円	700円

車でTDSに行くときも
TDL駐車場をまず目指す！

まずは TDL 駐車場入口を目指せ！
TDS の駐車場は左折入場のみ！

東京ディズニーリゾートは千葉県浦安市にあるため、車で来園する場合は首都高速湾岸道路の葛西または浦安出口を降りて駐車場へ向かうことになります。**TDLとTDSは駐車場が別々**ですが、どちらの場合もまずTDL駐車場入口を目指しましょう。TDS駐車場は左折入場のみなので、TDL駐車場入口を通り過ぎ、TDR外周を通る必要があるからです。

周辺道路がもっとも混雑するのは**閉園時間の1時間前後**（P127）ですが、**朝は開園時間頃**が混雑し、混雑日は開園時間の1時間後でもまだ渋滞があります。開園時間から行くなら、渋滞を考慮してなるべく早めに行くのがオススメです。

アクセスマップ

TDR周辺は不慣れなドライバーが多く事故が多発！ご注意を！

「富士見」方面へ行くのが渋滞を避けるポイント

富士見交番（T字路）
東海大学浦安入口
浦安入口
浦安出口
JR新浦安駅
至 東京ディズニーセレブレーションホテル
③ 千葉方面

東京ディズニーランド駐車場入口
東京ディズニーランドホテル
変なホテル
浦安出口
中央公園前立体交差点
富岡交番
舞浜ローズタウン前
セブンイレブン
浦安入口
ローソン
葛西出口から
①②
R8
舞浜ディズニーアンバサダーホテル
R6
R5
東京方面
①
②
JR舞浜駅
東京ディズニーランド
運動公園前
浦安市運動公園
東京ディズニーシー駐車場
東京ディズニーシー駐車場入口
左折でしか入れない
R1
R2
③
④
R7
東京ディズニーシーオーラルミラコスタ
東京ディズニーランド駐車場
R3
東京ディズニーシー

行き
帰り
ホテル入口
R1〜7　臨時駐車場

混雑日の渋滞回避は
浦安出口→富士見方面へ!

【東京方面】基本は葛西出口から
渋滞していた場合は❷ルートで回避

　東京方面からの場合、首都高速湾岸線（東行き）の**葛西出口を利用する❶ルート**（マップ参照）が原則。葛西出口から舞浜大橋を渡り、舞浜交差点を左折、T字路の舞浜ローズタウン前交差点を左折すると、TDL駐車場入口に到着します。舞浜交差点の先は4～5車線道路で、事故が多いので注意。しかし、パークが混雑する時期の土日や三連休の**7～9時頃は葛西出口手前から渋滞が続き**、舞浜交差点を抜けるまで、とても時間がかかります。葛西出口が渋滞している場合は、**浦安出口を利用する❷ルート**で渋滞を避けられます。

【東京方面】❷ルートは
富士見方面に行くのが近道

　葛西出口が渋滞していた場合は、浦安出口から国道357号線に降ります。700mほど先の**立体交差点「中央公園前」で、富士見方面**と書かれた標識があるので、これを見逃さないようにして交差点を左折しましょう。あとは、突き当たりのT字路を左折すれば、TDL駐車場入口に到着します。浦安

出口を出ると「東京ディズニーリゾート」の標識がたくさんありますが、それに従ったルートを走った場合、かなり遠回りになり、混雑する場所を通らされます。そのため、富士見方面を進む❷ルートのほうが圧倒的に早く着きます。また、このルートは、途中の富士見エリアにコンビニがたくさんあるという利点もあります。立体交差点部分がわかりにくいので、Googleストリートビューで事前に確認しておくと安心です。

【千葉方面】浦安出口から
富士見方面へ右折

　千葉方面からの場合、首都高速湾岸線（西行き）の浦安出口から国道357号線に降ります。このまま真っ直ぐ舞浜交差点まで進んでもよいですが、国道357号線はトラックが多く、時間帯に関わらず渋滞しがちです。そこで、これを避けるために、浦安出口から約1.2km先にある**立体交差点「中央公園前」を、上に昇って右折する❸ルート**を進みましょう。あとは突き当たりのT字路を左折すれば、TDL駐車場入口に到着します。立体交差点部分がわかりにくいので、Googleストリートビューで事前に確認しておくと安心です。

駐車場は開園2時間前からが原則!
混雑日は午前2時オープンも

駐車場は平日と休日で異なる料金
オープンは混雑に応じて早まる!

　駐車場は**平日と土日祝日で料金が異なります**。利用当日同じ車にかぎり再入場、2パークの駐車利用が可能。
　駐車場は**原則開園2時間前にオープン**。混雑日は**オープン時間が早まり**、連休中日など激混みが予想される日は午前2時頃にオープンすることもあります。パークの駐車場が満車になると、臨時駐車場に案内されます。パークのエントランスまで徒歩15～20分かかったり、シャトルバスが運行するような遠い駐車場になることも。

　TDLは2019年7月に新立体駐車場がオープンしたため、遠い駐車場に案内されることは少なくなりましたが、できるだけ早く行くほうが近い場所にとめられるので安心です。

駐車料金の一覧

	平日	土日祝日
普通乗用車	2,500円	3,000円
大型車（全長5m以上）	4,500円	5,000円
二輪車	500円	

帰りの渋滞は最悪1時間！
TDS周辺を避ける抜け道

TDS 駐車場周辺は地獄の渋滞
抜けるのに1時間かかることも

TDR周辺道路の渋滞のピークは、**夜のショー・花火が終わる20時台〜23時過ぎ**。混雑する時期の土日や連休には、抜けるのに1時間以上かかることも。最悪の渋滞ポイントは、**R3駐車場近くのT字路からTDS駐車場を過ぎた運動公園前まで**。TDS駐車場から出る場合（右の❹）、ここを避けようがなく、抜けるのに数十分は覚悟すべきです。

TDL 駐車場から出る場合は
TDS 前の渋滞ポイントを避ける！

TDL駐車場は、駐車場所により出口が異なります。最初に案内される立体駐車場は❶が出口で、渋滞に巻き込まれません。朝早くに行き、**立体駐車場に止められると有利**。❷出口は左折のみなので、R3駐車場近くの交差点を右折すると渋滞を避けられます。問題はR1とR2。❸出口の交差点で左折しかできません。渋滞ポイントを進み、右車線から直進すると、渋滞区間の半分は避けられます。

渋滞ポイント

舞浜駅からTDSに行くときは
タクシーのほうが安上がりかも？

基本はディズニーリゾートライン
舞浜駅からTDSへは徒歩でも行ける

TDR内の移動はディズニーリゾートラインを利用するのが基本。ただし、舞浜駅からTDSに向かう際は、徒歩でも10〜15分程度で、ディズニーリゾートラインと所要時間がほとんど変わりません。逆にTDSから舞浜駅に向かう際は、ディズニーリゾートラインのほうが早く着きます。

大人2人ならTDSへはタクシーがお得
初乗り料金が500円に！

大人2人以上の場合、ディズニーリゾートラインを使うよりも、タクシーを使うほうが安上がりです。とくに**TDLとTDS間や舞浜駅とTDS間の移動は、タクシーの初乗り料金**で行けますので、少人数の場合も利用を考えてみましょう。タクシー乗り場はバスターミナルにあります。

ディズニーリゾートラインの料金

券種	大人	こども（小学生以下）
普通乗車券（均一）	260円	130円
1日フリーきっぷ	660円	330円
2日フリーきっぷ	850円	430円
3日フリーきっぷ	1,200円	600円
4日フリーきっぷ	1,500円	750円
回数乗車券（11枚）	2,600円	1,300円

あ

- ⑩ アクアトピア　85
- ㉘ アグラバーマーケットプレイス　104
- ㉑ アドベンチャーランド・バザール　120
- ㉗ アブーズ・バザール　104
- ㉒ アリエルのプレイグラウンド　89
- ㉒ アリスのティーパーティー　48、118
- ⑲ イッツ・ア・スモールワールド　47
- ⑫ インディ・ジョーンズ・アドベンチャー：クリスタルスカルの魔宮　86
- ✋ ヴィレッジ・グリーティングプレイス　92
- ⑨ ウエスタンランド・シューティングギャラリー　43
- ⑤ ウエスタンリバー鉄道　42
- ① ヴェネツィアン・ゴンドラ　77、118、122
- ✋ ウォーターフロントパーク（整列グリーティング）　92
- ✋ ウッドチャック・グリーティングトレイル　57
- ㉙ エクスペディション・イート　99
- ⑲ S.S.コロンビア・ダイニングルーム　101
- ② オムニバス　41、122

か

- ㉖ 海底2万マイル　91
- ㉔ カウボーイ・クックハウス　62
- ㉘ ガジェットのゴーコースター　50
- ㉝ カスバ・フードコート　100
- ㉜ ガラスの靴　68
- ③ カリブの海賊　41
- ⑧ カントリーベア・シアター　43
- ㊴ ギャグファクトリー／ファイブ・アンド・ダイム　120
- ㉑ キャッスルカルーセル　48、122
- ㉙ キャプテンフックス・ギャレー　64、65
- ⑯ キャラバンカルーセル　87
- ㉕ キャンプ・ウッドチャック・キッチン　62
- ㉜ グーフィーのペイント＆プレイハウス　52
- ✋ クラブマウスビート　58
- ㉖ グランマ・サラのキッチン　63
- ⑯ クリスタルアーツ　68
- ⑧ クリスタルパレス・レストラン　63、65
- ⑦ グレートアメリカン・ワッフルカンパニー　64
- ⑳ ケープコッド・クックオフ　100

さ

- ✋ "サルードス・アミーゴス！" グリーティングドック　92
- ㉓ シーサイドスナック　99
- ⑭ ジャスミンのフライングカーペット　87、122
- ⑳ ジャングルカーニバル　67
- ④ ジャングルクルーズ：ワイルドライフ・エクスペディション　42
- ⑳ ジャンピン・ジェリーフィッシュ　89
- ✋ ジャンボリミッキー！レッツ・ダンス！　58、60
- ✋ ジャンボリミッキー！レッツ・ダンス！　96
- ⑫ 蒸気船マークトウェイン号　44
- ⑰ 白雪姫と七人のこびと　47
- ⑳ シンデレラのフェアリーテイル・ホール　48
- ⑮ シンドバッド・ストーリーブック・ヴォヤッジ　87
- ⑦ スイスファミリー・ツリーハウス　43
- ④ スウィートハート・カフェ　63、64
- ⑲ スカットルのスクーター　88
- ⑱ スキッパーズ・ギャレー　62

（た の前）

- ㊲ スター・ツアーズ：ザ・アドベンチャーズ・コンティニュー　55
- ㉞ スティッチ・エンカウンター　52
- ⑬ スプラッシュ・マウンテン　45
- ㊱ スペース・マウンテン　54
- ㉜ スリーピーホエール・ショップ　104
- ㉟ セバスチャンのカリプソキッチン　100
- ㉕ センター・オブ・ジ・アース　91
- ① センターストリート・コーヒーハウス　65
- ③ ソアリン：ファンタスティック・フライト　78
- ⑱ 空飛ぶダンボ　47
- ✋ ソング・オブ・ミラージュ　96

た

- ⑨ タートル・トーク　85
- ㉛ ダウンタウン・トゥーンタウン　51、122
- ⑧ タワー・オブ・テラー　84
- ⑲ タワー・オブ・テラー・メモラビリア　120
- ㉙ チップとデールのツリーハウス　51
- ⑥ ディズニーシー・エレクトリックレールウェイ　80
- ④ ディズニーシー・トランジットスチーマーライン　80
- ✋ ディズニー・ライト・ザ・ナイト　61
- ✋ ディズニー・ライト・ザ・ナイト　97
- ⑱ テディ・ルーズヴェルト・ラウンジ　101
- ⑦ トイ・ストーリー・マニア！　81
- ㉖ トゥーンパーク　50
- ㉞ トゥーンポップ　66
- ✋ 東京ディズニーランド・エレクトリカルパレード・ドリームライツ　58、60
- ㊴ トゥモローランド・テラス　62、63、65
- ㉗ ドナルドのボート　50
- ⑪ トムソーヤ島いかだ　44
- ✋ ドリーミング・アップ！　58
- ㊵ トレジャーコメット　120

な

- ✋ ナイトフォール・グロウ　58
- ⑪ ニモ＆フレンズ・シーライダー　85
- ⑩ ニューヨーク・デリ　100
- ㊳ ノーチラスギャレー　99

は

- ⑩ パークサイドワゴン　62
- ⑮ バーナクル・ビルズ　101
- ㉟ バズ・ライトイヤーのアストロブラスター　53
- ㊷ パン・ギャラクティック・ピザ・ポート　64
- ㉓ ハングリーベア・レストラン　63
- ⑮ ピーターパン空の旅　46
- ⑭ ビーバーブラザーズのカヌー探検　46
- Ｎ1 美女と野獣 "魔法のものがたり"　8
- ⑩ ビッグサンダー・マウンテン　44
- ⑤ ビッグシティ・ヴィークル　80、122
- ✋ ビッグバンドビート～ア・スペシャル・トリート～　96、98
- Ｎ7 ビッグポップ　13、62、66
- ㉔ ピノキオの冒険旅行　48
- ㊱ ヒューイ・デューイ・ルーイのグッドタイム・カフェ　62、63、64
- ✋ ビリーヴ！～シー・オブ・ドリームス～　1、96
- ㉝ ビレッジペイストリー　62
- ファンタジースプリングス（TDS新エリア）　72
- ㉕ プーさんのハニーハント　49

（ま の前）

- ② フォートレス・エクスプロレーション　77
- ✋ プラザパビリオン・バンドスタンド前（整列グリーティング）　56
- ㉒ プラザパビリオン・レストラン　63、65
- ㊵ プラズマ・レイズ・ダイナー　63、64、65
- ⑱ フランダーのフライングフィッシュコースター　88
- ⑫ ブルーバイユー・レストラン　65
- ㉝ ブレイブリトルテイラー・ショップ　68
- ⑳ ブローフィッシュ・バルーンレース　89
- Ｎ8 ベイマックスのハッピーライド　12
- ㉑ ペコスビル・カフェ　62
- ① ペニーアーケード　41
- ㊶ ポッピングポッド　66
- ㊳ ポップ・ア・ロット・ポップコーン　66
- ㉕ ホライズンベイ・レストラン　100
- ⑯ ホーンテッドマンション　46

ま

- ㉚ マーメイドトレジャー　120
- ㉓ マーメイドラグーンシアター　90
- ✋ マーメイドラグーンシアター（グリーティング）　93
- ✋ マイ・フレンド・ダッフィー　96
- ⑰ マジックランプシアター　88
- ① マゼランズ　101
- ② マゼランズ・ラウンジ　101
- ㉗ ミゲルズ・エルドラド・キャンティーナ　100
- ✋ ミッキー＆フレンズ・グリーティングトレイル　93
- ✋ ミッキーの家とミート・ミッキー　57
- ㉓ ミッキーのフィルハーマジック　6
- ✋ ミッキーのマジカルミュージックワールド　58、60
- ミッキーのレインボー・ルアウ　118
- ㉚ ミニーの家　51
- ✋ ミニーのスタイルスタジオ　14
- ⑥ 魅惑のチキルーム：スティッチ・プレゼンツ "アロハ・エ・コモ・マイ！"　43
- ✋ メインエントランス（整列グリーティング）　57
- ㊳ モンスターズ・インク "ライド＆ゴーシーク！"　56

や・ら・わ

- ㉚ ユカタン・ベースキャンプ・グリル　99、100
- Ｎ2 ラ・タベルヌ・ド・ガストン　11、62
- ⑰ ラ・プティート・パフュームリー　68
- ⑧ リストランテ・ディ・カナレット　101、102
- ③ リフレスコス　102
- ㊲ リフレッシュメント・ステーション　99
- Ｎ3 ル・フウズ　11、62
- Ｎ4 ル・プティポッパー　66
- ⑬ レイジングスピリッツ　86
- ⑬ レストラン櫻 テラス席　101
- ✋ レッツ・パーティグラ！　58
- ㉝ ロジャーラビットのカートゥーンスピン　52
- ㉛ ロストリバークックハウス　99
- ㉔ ワールプール　90

TDLの施設
㉑ アドベンチャーランド・バザ...
TDSの施設
㉗ アブーズ・バザール

TDLの施設にはピンク・TDSの施設にはブルーの網掛けをしています

- ⓞ …アトラクション
- ✋ …グリーティング
- ☞ …パレード＆ショー
- ⓞ …レストラン
- ⓞ …ショップ